CMAC 会计能力成熟度认证系列教材

代理记账师岗位基础与认知

（CMAC 四级）

浙江衡信教育科技有限公司　组编

主　编　刘建国　陆晓琴
副主编　陈玉英　王亚军　李增欣　吴爱红
参　编　李新慧　蒋家雄　罗芳丽　华　忠　胡绍明　王　燕
　　　　张　冲　艾　娜　娄玉花　张文华　赵海霞　林素敏
　　　　陈妍宏　徐启云　刘正兵　李　群
主　审　李高齐

机械工业出版社

随着我国优化人才机制、财税制度改革进一步深化以及金税三期上线等变化，导致企业对代理记账师执业能力要求大大提高。本书以代理记账师岗位能力（CMAC四级）为编写依据，适应会计教育课程改革，力图充分反映教育教学改革和发展的实践要求，用真实企业岗位能力需求来引导会计教学行业改革，贯彻党中央、国务院关于优化人才机制改革，鼓励行业企业参与到专业人才评价培养中来的政策。

本书共分六章，内容涵盖财会知识、工商登记管理、合伙企业法律制度、个人独资企业法、合同法律制度及知识产权保护法。本书特色：①结合实际：本书按照企业实际工作中对代理记账师岗位的执业要求，包括企业中财会知识、工商登记管理、合伙企业法律制度及合同法律制度等进行编写；②内容新颖：本节有关会计处理的内容按照最新的会计准则进行编写。学习本书可让读者能尽快掌握代理记账师的岗位技能，具备毕业即可上岗的能力。

本书适用于财会及相关专业在校学生及其他有志于从事会计职业的自学人士。

图书在版编目（CIP）数据

代理记账师岗位基础与认知：CMAC四级 / 刘建国，陆晓琴主编. — 北京：机械工业出版社，2020.1
CMAC会计能力成熟度认证系列教材
ISBN 978-7-111-64622-8

Ⅰ. ①代… Ⅱ. ①刘… ②陆… Ⅲ. ①企业管理－财务管理－岗位培训－教材 Ⅳ. ①F275

中国版本图书馆CIP数据核字(2020)第021185号

机械工业出版社（北京市百万庄大街22号　邮政编码100037）
策划编辑：李　兴　　　　责任编辑：李　兴　张美杰
责任校对：宋逍兰　　　　封面设计：马精明
责任印制：郜　敏
北京中兴印刷有限公司印刷
2020年3月第1版第1次印刷
184mm×260mm・13.25印张・253千字
0001—1900册
标准书号：ISBN 978-7-111-64622-8
定价：39.00元

电话服务　　　　　　　网络服务
客服电话：010-88361066　机　工　官　网：www.cmpbook.com
　　　　　010-88379833　机　工　官　博：weibo.com/cmp1952
　　　　　010-68326294　金　书　网：www.golden-book.com
封底无防伪标均为盗版　机工教育服务网：www.cmpedu.com

CMAC 会计能力成熟度认证系列教材编写委员会

主　任： 王妙娟
副主任： 巫惠林　郑红英　何颖丽　金爱华　蔡丽巍
委　员： 李建丽　李启明　刘晓云　万久玲　杨小萍　王晓红
　　　　　陶　驹　李　洁　徐全红　古　今　尹　航　蒋晶晶
　　　　　崔　婧　王玉坤　杨印山　王志宇　刘彦芬　安存红
　　　　　张　巍　焦杨梅　项少录　江永刚　李　辉　刘洪海
　　　　　郎东梅　方忠良　吴志坤　张玮娟　崔　静　黄玉珍
　　　　　康雪垚　郭继宏　陈　翼　吴玉红　刘国艳　荀志霞
　　　　　陈　捷　何　洪　李贵勇　肖　敏　贾振纲　王秀娟
　　　　　陈秀波　顾关胜　祁美云　李　莉　孙伟力　方德举
　　　　　薄海民　刘　莉　何万能　冯燕萍　李清水

前言

2018年2月份，中共中央办公厅、国务院办公厅印发的《关于分类推进人才评价机制改革的指导意见》指出，人才评价是人才发展体制机制的重要组成部分，是人才资源开发管理和使用的前提；鼓励行业企业参与到专业人才评价中来，建立社会化、市场化的人才评价制度，发挥多元评价主体作用。

由于国家创新创业战略的推进、财税制度改革不断深入、金税三期部署效果逐渐显现，企业事业单位对会计人才的需求非常旺盛，且企业对会计学生的执业能力、综合素养等也提出了越来越高的要求，因此迫切希望有既可科学评价会计专业执业水平、又能指引学生学习、老师教学的评价体系和评价标准。

经多方了解、评估，由中国商业会计学会联合税友集团开发的CMAC认证体系特别符合现阶段我省会计专业岗位能力认证的需求，符合企业用人的能力与素养要求。

CMAC认证是会计能力成熟度的简称，是根据会计岗位职责和岗位能力的要求、分岗位、逐级递进、采用理论与实务、线上与线下相结合的认证体系。

CMAC认证基于各岗位职责所需要的财税专业能力、职业素养、工作方法和习惯、工具软件等能力维度，构建以会计、财务、税法、经济法、金融结算等法律、法规、准则、制度、规则、指南为基础；以试题库、案例库为载体，按照最小颗粒度为知识点与试题联动挂钩为原则；通过大数据采集分析手段，凭借开放又不失严谨的认证机制，进行数据化评价。CMAC认证有利于整体上提升会计人员执业能力和综合素养，增强会计师为企业创造价值的能力。

CMAC系列教材是根据CMAC认证岗位（会计实习员、出纳岗位、税务专员及代理记账师）能力指标进行配置相关的教学内容。

本书是依据代理记账师岗位能力指标来编写相关的财税专业知识的。全书共分六个项目，以代理记账师岗位能力需要的财税专业知识、法律制度为主线，进行系统的展示。六个项目的内容分别是财会知识、工商登记管理、合伙企业法律制度、个人独资企业法、合同法律制度和知识产权保护法。

本书与实际代理记账师岗位的专业技能要求高度吻合，实用性强。读者通过本书的学习，可以掌握实际工作中代理记账师岗位所需的财税专业知识和法律制度，胜任该岗位。

本书由多名注册会计师、注册税务师、教授及高校教师组成的专业团队编写，还得到税友软件集团股份有限公司浙江衡信教育科技有限公司李高齐总经理的大力支持和帮助。本书由刘建国、陆晓琴担任主编；由陈玉英、王亚军、李增欣、吴爱红担任副主编。参与编写的人员还有李新慧、蒋家雄、罗芳丽、华忠、胡绍明、王燕、张冲、艾娜、娄玉花、张文华、赵海霞、林素敏、陈妍宏、徐启云、刘正兵、李群。

本书在撰写过程中参阅了大量优秀的论著和相关文献资料，在此对上述作者表示衷心的感谢。鉴于企业会计准则和税收政策及法律法规的动态性，书中仍难免存在疏漏和不妥，敬请广大读者批评指正，不吝赐教，以便日后补正修订。

编　者

目 录

前 言

项目一　财会知识 ·· 1

　　任务一　成本核算 ·· 1
　　任务二　财务报告 ·· 25
　　任务三　会计档案管理 ··· 56

项目二　工商登记管理 ··· 70

　　任务一　工商登记 ·· 70
　　任务二　企业登记的原则与"多证合一"政策 ····································· 72
　　任务三　工商行政管理机关及申请人的法律责任 ································ 75

项目三　合伙企业法律制度 ·· 82

　　任务一　合伙企业法律制度概述 ·· 82
　　任务二　普通合伙企业 ··· 84
　　任务三　有限合伙企业 ··· 102
　　任务四　合伙企业的解散和清算 ·· 109

项目四　个人独资企业法 …… 114

任务一　个人独资企业概述 …… 114
任务二　个人独资企业投资人及事务管理 …… 117
任务三　个人独资企业的解散和清算 …… 119

项目五　合同法律制度 …… 124

任务一　合同的基本概念 …… 124
任务二　合同的订立 …… 128
任务三　合同的效力 …… 133
任务四　合同的履行 …… 136
任务五　合同的担保 …… 141
任务六　合同的终止 …… 149
任务七　合同的违约责任 …… 154

项目六　知识产权保护法 …… 161

任务一　商标法 …… 161
任务二　专利法 …… 173
任务三　著作权法 …… 186

项目一

财会知识

任务一 成本核算

【任务描述】

（1）掌握产品成本核算的品种法、分批法、分步法的特点，适用范围及应用；

（2）掌握产品成本分析的对比分析法、构成比率分析法和相关指标比率分析法的应用及反映情况；

（3）熟悉生产特点对产品成本的影响；

（4）熟悉产品生产成本表的编制。

【知识储备】

一、产品成本核算方法概述

企业的生产类型不同，管理要求不同，对产品成本核算的影响也不同，这一不同主要体现在产品成本核算对象的确定上。根据成本核算程序，成本核算对象的确定是产品成本核算的前提，在这些基础上，按照本项目所述在各成本核算对象之间分配和归集费用，然后在一个成本核算对象的完工产品和月末在产品之间分配和归集费用，计算各个成本核算对象的完工产品成本和月末在产品成本。

（一）生产特点对产品成本核算的影响

根据生产工艺过程的特点，工业企业的生产可分为单步骤生产和多步骤生产两种。根据生产组织的特点，工业企业生产可分为大量生产、成批生产和单件生产三种。结合两者考虑，工业企业的生产可分为大量大批单步骤生产、大量大批连续式多步骤生产、大量大批平行式加工多步骤生产、单件小批平行式加工多步骤生产。不同的生产工艺和生产组织，形成不同的生产类型，从而对成本管理的要求也不同。

确定产品成本核算方法的主要因素有：成本核算对象、成本核算期及生产费用在完工产品与在产品之间的分配。上述三方面是相互联系、相互影响的，其中生产类型对成本核算对象的影响是主要的。不同的成本核算对象决定了不同的成本计算期和生产费用在完工产品与在产品之间的分配。因此，成本核算对象的确定，是正确核算产品成本的前提，也是区别各种成本核算方法的主要标志。

（二）产品成本核算的主要方法

根据各种类型生产的特点和管理要求，产品成本核算方法主要包括以下三种：①以产品品种为成本核算对象，简称品种法；②以产品批别为成本核算对象，简称分批法；③以产品生产步骤为成本核算对象，简称分步法。各种产品成本核算方法的适用范围见表1-1。

表1-1 产品成本核算方法的适用范围

产品成本核算方法	成本核算对象	生产类型		
		生产组织特点	生产工艺特点	成本管理
品种法	产品品种	大量大批生产	单步骤生产	不要求分步计算成本
			多步骤生产	
分批法	产品批别	单件小批生产	单步骤生产	不要求分步计算成本
			多步骤生产	
分步法	生产步骤	大量大批生产	多步骤生产	要求分步计算成本

除上述方法外，在产品品种、规格繁多的工业企业中，为简化成本核算，可采用分类法；在定额管理工作有一定基础的工业企业中，为配合和加强生产费用与产品成本的定额管理，还可以采用定额法。

【例1-1】 单选题

产品成本核算的分批法，适用的生产组织特点是（　　）。

A. 大量成批生产　　　　　　B. 大量小批生产

C. 单件成批生产　　　　　　D. 单件小批生产

【答案】D

【解析】分批法，是指以产品的批别作为产品成本核算对象，归集和分配生产成本，核算产品成本的一种方法。这种方法主要适用于单件、小批生产的企业。

二、品种法核算产品成本

（一）品种法的概念

所谓品种法，是指以产品品种作为成本核算对象，归集和分配生产成本，计算产品成本的一种方法。这种方法适用于单步骤、大量生产的企业，如发电、供水、采掘等企业。

在上述企业类型的生产中，产品的生产技术过程不能从技术上划分为多个步骤，比如，企业或车间的规模较小，或者车间是封闭式的，也就是从材料投入到产品产出的全部生产过程都是在一个车间内进行的，或者生产按流水线组织，管理上不要求按照生产步骤计算产品成本的，都可以按照品种法核算产品成本。

（二）品种法核算成本的主要特点

（1）成本核算对象是产品品种。如果企业只生产一种产品，全部生产成本都是直接成本，可直接记入该产品生产成本明细账的有关成本项目中，不存在各种成本核算对象之间分配成本的问题。如果生产多种产品，间接生产成本则要采用适当的方法，在各成本核算对象之间进行分配。

（2）品种法下一般定期（每月月末）计算产品成本。

（3）月末一般不存在在产品，如果有在产品，数量也很少，所以一般不需要将生产费用在完工产品与在产品之间进行分配，当期发生的生产费用总和就是该种完工产品的总成本；如果企业月末有在产品，要将生产成本在完工产品和在产品之间进行分配。

【例1-2】判断题

根据企业生产经营特点和管理要求，单步骤、大量生产的产品一般采用品种法核算产品成本。（　　）

【答案】√

【例1-3】单选题

下列各种产品成本核算方法中，适用于单步骤、大量生产的是（　　）。

A. 品种法   B. 分批法

C. 逐步结转分步法   D. 平行结转分步法

【答案】A

【解析】品种法适用于单步骤、大量生产的企业；分批法适用于单件小批生产的企业；分步法适用于大量大批的多步骤生产。

【例 1-4】计算题

某工业企业仅生产甲产品，采用品种法核算产品成本。3 月初在产品直接材料成本 30 万元，直接人工成本 8 万元，制造费用 2 万元。3 月份发生直接材料成本 75 万元，直接人工成本 20 万元，制造费用 6 万元。3 月末甲产品完工 50 件，在产品 100 件。月末核算完工产品成本时，直接材料成本按完工产品与在产品数量比例分配，直接人工成本和制造费用采用定额工时比例分配。单位产成品工时定额 20 小时，单位在产品工时定额 10 小时。

（1）计算甲完工产品应负担的直接材料成本。

【答案】

分配率 = 待分配金额 ÷ 分配标准之和

直接材料成本分配率 =（月初在产品实际材料成本 + 本月投入的实际材料成本）÷（完工产品数量 + 月末在产品数量）=（30+75）÷（50+100）=0.7

甲完工产品应负担的直接材料成本 =50×0.7=35（万元）

（2）计算甲完工产品应负担的直接人工成本。

【答案】

分配率 = 待分配金额 ÷ 分配标准之和

直接人工成本分配率 =（8+20）÷（20×50+100×10）=0.014

甲完工产品应负担的直接人工成本 =20×50×0.014=14（万元）

（3）计算甲完工产品应负担的制造费用。

【答案】

制造费用分配率 =（2+6）÷（20×50+100×10）=0.004

甲完工产品应负担的制造费用 =20×50×0.004=4（万元）

（4）计算甲完工产品总成本，并编制完工产品入库的会计分录。

【答案】

甲完工产品总成本 =35+14+4=53（万元）

借：库存商品   53

    贷：生产成本   53

（三）品种法进行成本核算的一般程序

（1）按产品品种设立成本明细账，根据各项费用的原始凭证及相关资料编制有关记账凭证并登记有关明细账，编制各种费用分配表分配各种要素费用。

（2）根据上述各种费用分配表和其他有关资料，登记辅助生产明细账、基本生产明细账、制造费用明细账等。

（3）根据辅助生产明细账编制辅助生产成本分配表，分配辅助生产成本。

（4）根据制造费用明细账编制制造费用分配表，在各种产品之间分配制造费用，并据以登记基本生产成本明细账。

（5）根据各产品基本生产明细账编制产品成本核算单，分配完工产品成本和在产品成本。

（6）汇编产成品的成本汇总表，结转产成品成本。

【例 1-5】 计算题

某工业企业大量生产 A、B 两种产品。制造费用按产品生产工时比例分配，生产费用采用约当产量比例法在完工产品与月末在产品之间分配，原材料在生产开始时一次性投入，其他加工费用发生较为均衡，假设期末在产品的完工程度均为 50%。A、B 两种产品采用品种法计算产品成本。2018 年 6 月相关资料见表 1-2~ 表 1-4。

表 1-2 产品投入产出统计表

（单位：件）

产品名称	月初在产品	本月投入	本月完工产品	月末在产品
A 产品	200	800	850	150
B 产品	50	1 000	750	300

A 产品月初成本为 262 000 元，其中，直接材料 168 000 元，直接人工 42 000 元，制造费用 52 000 元。

B 产品月初成本为 33 800 元，其中，直接材料 11 000 元，直接人工 4 800 元，制造费用 18 000 元。

表 1-3 原材料领用统计表

（单位：元）

耗用部门及用途	金额
生产 A 产品	800 000
生产 B 产品	300 000
车间机物料耗用	8 000

（续）

耗用部门及用途	金额
行政管理部门	2 000
合计	1 110 000

表 1-4　工资分配统计表

（单位：元）

耗用部门及用途	金额
生产 A 产品工人	167 000
生产 B 产品工人	88 000
车间管理人员	12 000
行政管理人员	380 000
销售部门人员	246 000
合计	893 000

其他相关资料：

（1）本月应计提固定资产折旧费 168 000 元，其中基本生产车间 160 000 元，厂部管理部门 8 000 元。

（2）本月支付的财产保险费 2 000 元，其中基本生产车间 1 800 元，厂部管理部门 200 元。

（3）本月以银行存款支付的费用为 16 000 元，其中基本生产车间办公费 4 800 元，水费 3 000 元；厂部管理部门办公费 8 000 元，水费 200 元。

（4）本月 A 产品生产工时 30 000 小时，B 产品 20 000 小时。

要求：根据上述资料分别填制 A、B 产成品成本核算单，见表 1-5 至表 1-18。

表 1-5　A 产品成本核算单一

月	日	摘要	产量（件）	直接材料（元）	直接人工（元）	制造费用（元）	合计
06	01	期初在产品成本	200	168 000	42 000	52 000	262 000
06	31	本月生产费用	800				
06	31	生产费用累计	1 000				
06	31	完工产品成本	850				
06	31	月末在产品成本	150				

表 1-6 B产品成本核算单一

月	日	摘要	产量（件）	直接材料（元）	直接人工（元）	制造费用（元）	合计
06	01	期初在产品成本	50	11 000	4 800	18 000	33 800
06	31	本月生产费用	1 000				
06	31	生产费用累计	1 050				
06	31	完工产品成本	750				
06	31	月末在产品成本	300				

原材料领用的会计分录：

借：生产成本——基本生产成本（A产品）　　　　800 000
　　生产成本——基本生产成本（B产品）　　　　300 000
　　制造费用　　　　　　　　　　　　　　　　　8 000
　　管理费用　　　　　　　　　　　　　　　　　2 000
　　贷：原材料　　　　　　　　　　　　　　　1 110 000

表 1-7 A产品成本核算单二

月	日	摘要	产量（件）	直接材料（元）	直接人工（元）	制造费用（元）	合计
06	01	期初在产品成本	200	168 000	42 000	52 000	262 000
06	31	本月生产费用	800	800 000			
06	31	生产费用累计	1 000				
06	31	完工产品成本	850				
06	31	月末在产品成本	150				

表 1-8 B产品成本核算单二

月	日	摘要	产量（件）	直接材料（元）	直接人工（元）	制造费用（元）	合计
06	01	期初在产品成本	50	11 000	4 800	18 000	33 800
06	31	本月生产费用	1 000	300 000			
06	31	生产费用累计	1 050				
06	31	完工产品成本	750				
06	31	月末在产品成本	300				

工资分配的会计分录：

借：生产成本——基本生产成本（A产品）　　　　　　　167 000
　　　生产成本——基本生产成本（B产品）　　　　　　　 88 000
　　　制造费用　　　　　　　　　　　　　　　　　　　 12 000
　　　管理费用　　　　　　　　　　　　　　　　　　　380 000
　　　销售费用　　　　　　　　　　　　　　　　　　　246 000
　　贷：应付职工薪酬——工资　　　　　　　　　　　　893 000

表1-9　A产品成本核算单三

月	日	摘要	产量（件）	直接材料（元）	直接人工（元）	制造费用（元）	合计
06	01	期初在产品成本	200	168 000	42 000	52 000	262 000
06	31	本月生产费用	800	800 000	167 000		
06	31	生产费用累计	1 000				
06	31	完工产品成本	850				
06	31	月末在产品成本	150				

表1-10　B产品成本核算单三

月	日	摘要	产量（件）	直接材料（元）	直接人工（元）	制造费用（元）	合计
06	01	期初在产品成本	50	11 000	4 800	18 000	33 800
06	31	本月生产费用	1 000	300 000	88 000		
06	31	生产费用累计	1 050				
06	31	完工产品成本	750				
06	31	月末在产品成本	300				

其他相关资料中会计分录为：

（1）借：制造费用　　　　　　　　　　　　　　　　　160 000
　　　　　管理费用　　　　　　　　　　　　　　　　　　8 000
　　　　贷：累计折旧　　　　　　　　　　　　　　　　168 000
（2）借：制造费用　　　　　　　　　　　　　　　　　　1 800
　　　　　管理费用　　　　　　　　　　　　　　　　　　　200
　　　　贷：银行存款　　　　　　　　　　　　　　　　　2 000

（3）借：制造费用　　　　　　　　　　　　　　　　　　　　7 800
　　　　　管理费用　　　　　　　　　　　　　　　　　　　　8 200
　　　　贷：银行存款　　　　　　　　　　　　　　　　　　　16 000

本期发生制造费用合计 =8 000（车间物料）+12 000（车间管理人员工资）+160 000（折旧）+1 800（保险费）+4 800（车间办公费）+3 000（水费）=189 600（元）

分配制造费用：

分配率 = 待分配金额 ÷ 分配标准之和 =189 600 ÷（30 000+20 000）=3.792

A 产品应分配的制造费用 =30 000×3.792=113 760（元）

B 产品应分配的制造费用 =20 000×3.792=75 840（元）

借：生产成本——基本生产成本（A 产品）　　　　　　　　113 760
　　　生产成本——基本生产成本（B 产品）　　　　　　　　75 840
　　贷：制造费用　　　　　　　　　　　　　　　　　　　　189 600

表 1-11　A 产品成本核算单四

月	日	摘要	产量（件）	直接材料（元）	直接人工（元）	制造费用（元）	合计
06	01	期初在产品成本	200	168 000	42 000	52 000	262 000
06	31	本月生产费用	800	800 000	167 000	113 760	1 080 760
06	31	生产费用累计	1 000	968 000	209 000	165 760	1 342 760
06	31	完工产品成本	850				
06	31	月末在产品成本	150				

表 1-12　B 产品成本核算单四

月	日	摘要	产量（件）	直接材料（元）	直接人工（元）	制造费用（元）	合计
06	01	期初在产品成本	50	11 000	4 800	18 000	33 800
06	31	本月生产费用	1 000	300 000	88 000	75 840	463 840
06	31	生产费用累计	1 050	311 000	92 800	93 840	497 640
06	31	完工产品成本	750				
06	31	月末在产品成本	300				

按约当产量比例法计算在产品成本和完工产品成本：因为原材料在生产开始时一次性投入，所以原材料在产品和完工产品成本分配不需约当。

A 产品分配率 = 待分配金额 ÷ 分配标准之和 =（168 000+800 000）÷（850+150）=968

A 产品在产品原材料分配金额 =150×968=145 200（元）

A 产品完工产品原材料分配金额 =850×968=822 800（元）

B 产品分配率 = 待分配金额 ÷ 分配标准之和 =（11 000+300 000）÷（750+300）=296.19

B 产品在产品原材料分配金额 =300×296.19=88 857（元）

B 产品完工产品原材料分配金额 =311 000−88 857=222 143（元）

表 1-13　A 产品成本核算单五

月	日	摘要	产量（件）	直接材料（元）	直接人工（元）	制造费用（元）	合计
06	01	期初在产品成本	200	168 000	42 000	52 000	262 000
06	31	本月生产费用	800	800 000	167 000	113 760	1 080 760
06	31	生产费用累计	1 000	968 000	209 000	165 760	1 342 760
06	31	完工产品成本	850	822 800			
06	31	月末在产品成本	150	145 200			

表 1-14　B 产品成本核算单五

月	日	摘要	产量（件）	直接材料（元）	直接人工（元）	制造费用（元）	合计
06	01	期初在产品成本	50	11 000	4 800	18 000	33 800
06	31	本月生产费用	1 000	300 000	88 000	75 840	463 840
06	31	生产费用累计	1 050	311 000	92 800	93 840	497 640
06	31	完工产品成本	750	222 143			
06	31	月末在产品成本	300	88 857			

按约当产量比例法分配人工和制造费用：

A 产品月末在产品约当产量 =150×50%=75（件）

B 产品月末在产品约当产量 =300×50%=150（件）

A 产品直接人工分配率 = 待分配金额 ÷ 分配标准之和 =（42 000+167 000）÷（75+850）=225.95

A 产品在产品直接人工分配金额 =75×225.95=16 946.25（元）

A 产品完工产品直接人工分配金额 =209 000–16 946.25=192 053.75（元）

B 产品直接人工分配率 = 待分配金额 ÷ 分配标准之和 =（4 800+88 000）÷（150+750）=103.11

B 产品在产品直接人工分配金额 =150×103.11=15 466.50（元）

B 产品完工产品直接人工分配金额 =92 800–15 466.50=77 333.50（元）

表 1-15　A 产品成本核算单六

月	日	摘要	产量（件）	直接材料（元）	直接人工（元）	制造费用（元）	合计
06	01	期初在产品成本	200	168 000	42 000	52 000	262 000
	31	本月生产费用	800	800 000	167 000	113 760	1 080 760
	31	生产费用累计	1 000	968 000	209 000	165 760	1 342 760
	31	完工产品成本	850	822 800	192 053.75		
	31	月末在产品成本	150	145 200	16 946.25		

表 1-16　B 产品成本核算单六

月	日	摘要	产量（件）	直接材料（元）	直接人工（元）	制造费用（元）	合计
06	01	期初在产品成本	50	11 000	4 800	18 000	33 800
06	31	本月生产费用	1 000	300 000	88 000	75 840	463 840
06	31	生产费用累计	1 050	311 000	92 800	93 840	497 640
06	31	完工产品成本	750	222 143	77 333.50		
06	31	月末在产品成本	300	88 857	15 466.50		

A 产品制造费用分配率 = 待分配金额 ÷ 分配标准之和 =165 760÷（75+850）=179.20

A 产品在产品制造费用分配金额 =75×179.20=13 440（元）

A 产品完工产品制造费用分配金额 =850×179.20=152 320（元）

B 产品制造费用分配率 = 待分配金额 ÷ 分配标准之和 =93 840÷（150+750）=140.27

B 产品在产品制造费用分配金额 =150×140.27=21 040.5（元）

B 产品完工产品制造费用分配金额 =93 840–21 040.5=72 799.5（元）

表1-17　A产品成本核算单七

月	日	摘要	产量（件）	直接材料（元）	直接人工（元）	制造费用（元）	合计
06	01	期初在产品成本	200	168 000	42 000	52 000	262 000
06	30	本月生产费用	800	800 000	167 000	113 760	1 080 760
06	30	生产费用累计	1 000	968 000	209 000	165 760	1 342 760
06	30	完工产品成本	850	822 800	192 053.75	152 320	1 167 173.75
06	30	月末在产品成本	150	145 200	16 946.25	13 440	175 586.25

表1-18　B产品成本核算单七

月	日	摘要	产量（件）	直接材料（元）	直接人工（元）	制造费用（元）	合计
06	01	期初在产品成本	50	11 000	4 800	18 000	33 800
06	30	本月生产费用	1 000	300 000	88 000	75 840	463 840
06	30	生产费用累计	1 050	311 000	92 800	93 840	497 640
06	30	完工产品成本	750	222 143	77 333.50	72 799.5	372 276
06	30	月末在产品成本	300	88 857	15 466.50	21 040.5	125 364

完工产品入库会计分录：

借：库存商品——A产品　　　　　　　　　　　　　　　　　1 167 173.75
　　库存商品——B产品　　　　　　　　　　　　　　　　　　372 276.00
　　贷：生产成本——基本生产成本（A产品）　　　　　　　1 167 173.75
　　　　生产成本——基本生产成本（B产品）　　　　　　　　372 276.00

三、分批法核算产品成本

（一）分批法的概念

所谓分批法，是指以产品的批别作为产品成本核算对象，归集和分配生产成本，计算产品成本的一种方法。

这种方法主要适用于单件、小批生产的企业，如造船、重型机器制造、精密仪器制造等，也可用于一般企业中的新产品试制或试验的生产、在建工程以及设备修理作业等。

（二）分批法核算成本的主要特点

（1）成本核算对象是产品的批别。由于产品的批别大多是根据销货订单确定的，因此，这种方法又称订单法。成本核算对象是购买者事先订货或企业规定的产品批别。

（2）产品成本的计算是与生产任务通知单的签发和结束紧密配合的，因此产品成本核算是不定期的。成本核算期与产品生产周期基本一致，但与财务报告期不一致。

（3）由于成本核算期与产品的生产周期基本一致，因此在核算月末在产品成本时，一般不存在在完工产品和在产品之间分配成本的问题。

【例1-6】 单选题

下列各项中，关于分批法的说法不正确的是（　　）。

A. 成本核算对象是购买者事先订货或企业规定的产品批别

B. 又称订单法

C. 比较适用于发电、供水、采掘行业

D. 产品成本的核算是与生产任务通知单的签发和结束紧密配合的

【答案】C

【解析】产品成本核算的分批法，是按照产品批别核算产品成本的一种方法，这种方法又称订单法，主要适用于单件、小批生产，如造船、重型机器制造等。发电、供水、采掘行业适用品种法核算成本，因此选项C不正确。

（三）分批法成本核算的一般程序

（1）按产品批别设置产品基本生产成本明细账、辅助生产成本明细账。账内按成本项目设置专栏，按车间设置制造费用明细账，同时设置待摊费用、预提费用等明细账。

（2）根据各生产费用的原始凭证或原始凭证汇总表和其他有关资料，编制各种要素费用分配表，分配各要素费用并登账。

对于直接计入费用，应按产品批别列示并直接记入各个批别的产品成本明细账；对于间接计入费用，应按生产地点归集，并按适当的方法记入各个批别的产品成本明细账。

（3）月末根据完工批别产品的完工通知单，将记入已完工的该批产品的成本明细账所归集的生产费用，按成本项目加以汇总，计算出该批完工产品的总成本和单位成本，并转账。分批法条件下，月末完工产品与在产品之间的费用分配有以下几种情况：

1）如果是单件生产，产品完工以前，产品成本明细账所记的生产费用都是在产品成本；产品完工时，产品成本明细账所记的生产费用，就是完工产品成本，因而在月末计算成本时，不存在在完工产品与在产品之间分配费用的问题。

2）如果是小批生产，批内产品一般都能同时完工，在月末计算成本时，或是全部已经完工，或是全部没有完工，因而一般也不存在在完工产品与在产品之间分配费用的问题。

3）如果批内产品跨月陆续完工，这时就要在完工产品与在产品之间分配费用。具体可以采取简化的方法处理：如按计划单位成本、定额单位成本、最近一期相同产品的实际单位成本计算完工产品成本；从产品成本明细账中转出完工产品成本后，各项费用余额之和即为在产品成本。也可根据具体条件采用前述的分配方法。

（四）分批法的简化

产品完工前，账内只按月登记直接计入的费用和生产工时，只有在有完工产品的月份，才分配间接计入的费用，计算、登记各批完工产品成本。

特点：各批产品之间分配间接费用以及完工产品与在产品之间分配费用，均利用累计间接费用分配率。

适用范围：在各月间接费用水平相差悬殊的情况下不宜采用；月末未完工产品的批数不多的情况下也不宜采用。主要适用于各月间接费用水平稳定；月末未完工产品的批数较多，已完工批数较少的情况。

四、分步法核算产品成本

（一）分步法的概念

所谓分步法，是指按照生产过程中各个加工步骤（分品种）为成本核算对象，归集和分配生产成本，计算各步骤半成品和最后产成品成本的一种方法。

这种方法适用于大量大批的多步骤生产，如冶金、纺织、机械制造等。在这类企业中，产品生产可以分为若干个生产步骤的成本管理，通常不仅要求按照产品品种计算成本，而且还要求按照生产步骤计算成本，以便为考核和分析各种产品及各生产步骤的成本计划的执行情况提供决策依据。

【例1-7】多选题
下列企业中适合使用分步法计算产品成本的有（　　）。
A. 机械制造企业　　　　　B. 精密仪器制造企业
C. 供水公司　　　　　　　D. 纺织企业
【答案】AD
【解析】选项B，适合使用分批法；选项C，适合使用品种法。

（二）分步法核算成本的主要特点

（1）成本核算对象是各种产品的生产步骤。

（2）月末为核算完工产品成本，还需要将归集在生产成本明细账中的生产成本在完工产品和在产品之间进行分配。

（3）除了按品种计算和结转产品成本外，还需要计算和结转产品的各步骤成本。其成本核算对象，是各种产品及其所经过的各个加工步骤。如果企业只生产一种产品，则成本核算对象就是该种产品及其所经过的各个生产步骤。其成本核算期是固定的，与产品的生产周期不一致。

（三）分步法成本核算的一般程序

在实际工作中，根据成本管理对各生产步骤成本资料的不同要求（如是否要求核算半成品成本）和简化核算的要求，各生产步骤成本的核算和结转，一般采用逐步结转分步法和平行结转分步法。

1.逐步结转分步法

逐步结转分步法是为了分步核算半成品成本而采用的一种分步法，也称核算半成品成本分步法。它是按照产品加工的顺序，逐步核算并结转半成品成本，直到最后加工步骤完成才能核算产成品成本的一种方法。

它是按照产品加工顺序先核算第一个加工步骤的半成品成本，然后结转给第二个加工步骤，这时第二个步骤根据第一个步骤结转来的半成品成本加上本步骤耗用的材料成本和加工成本，即可求得第二个加工步骤的半成品成本。这种方法用于大量大批连续式复杂性生产的企业。这种类型的企业，有的不仅将产成品作为商品对外销售，而且生产步骤所产半成品也经常作为商品对外销售。例如，钢铁厂的生铁、钢锭，纺织厂的棉纱等，都需要核算半成品成本。

逐步结转分步法如图 1-1 所示。

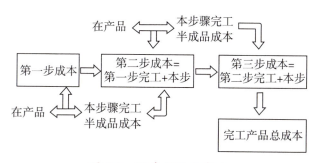

图 1-1　逐步结转分步法

（1）逐步结转分步法的优点：

1）能提供各个生产步骤的半成品成本资料。

2）为各生产步骤的在产品实物管理及资金管理提供资料。

3）能够全面地反映各生产步骤的生产耗费水平，更好地满足各生产步骤成本管理的要求。

（2）逐步结转分步法的缺点：成本结转工作量较大，如果采用逐步综合结转各生产步骤的半成品成本，还要进行成本还原，增加了核算的工作量。

（3）逐步结转分步法按照成本在下一步骤成本核算单中的反映方式，还可以分为综合结转分步法和分项结转分步法。

1）综合结转分步法，是指上一步骤转入下一步骤的半成品成本，以"直接材料"或专设的"半成品"项目综合列入下一步骤的成本核算单中。如果半成品通过半成品库收发，由于各月所生产的半成品的单位成本不同，因而所耗半成品的单位成本可以如同材料核算一样，采用先进先出法或加权平均法计算。

2）分项结转分步法，是指按产品加工顺序，将上一步骤半成品成本按"原始成本"项目分别转入下一步骤成本核算单中相应的成本项目内，逐步核算并结转半成品成本，直到最后加工步骤核算出产成品成本的一种逐步结转分步法。

2. 平行结转分步法

平行结转分步法也称不核算半成品成本分步法，是指在核算各步骤成本时，不核算各步骤所产半成品的成本，也不核算各步骤所耗上一步骤的半成品成本，而只核算本步骤发生的各项其他成本，以及这些成本中应计入产成品的份额，将相同产品的各步骤成本明细账中的这些份额平行结转、汇总，即可核算出该种产品的产成品成本。

（1）成本核算对象和成本结转程序。采用平行结转分步法的成本核算对象是各种产成品及其经过的各生产步骤中的成本份额。而各步骤的产品生产成本并不伴随着半成品实物的转移而结转，各生产步骤均不核算本步骤的半成品成本，尽管半成品的实物转入下一生产步骤继续加工，但其成本并不结转到下一生产步骤的成本核算单中去，只是在产品最后完工入产成品库时，才将各步骤生产成本中应由完工产品负担的份额，从各步骤成本核算单中转出，平行汇总核算产成品的成本。

（2）产品生产成本在完工产品和在产品之间的分配采用平行结转分步法时，每一生产步骤的生产成本也要在其完工产品与月末在产品之间进行分配。但是完工产品是指企业最后完成的产成品；在产品是指各步骤尚未加工完成的在产品和各步骤已完工但尚未最终完成的产品。

（3）优点：各步骤可以同时核算产品成本，平行汇总计入产成品成本，不必逐步结转半成品成本；能够直接提供按原始成本项目反映的产成品成本资料，不必进行成本还原，因而能够简化和加速成本核算工作。

（4）缺点：不能提供各个步骤的半成品成本资料；半成品的费用在最后完成以前，不随实物转出而转出，即不按其所在的地点登记，而按其发生的地点登记，因而不能为各个生产步骤在产品的实物和资金管理提供资料；各生产步骤的产品成本不包括所耗半成品费用，因而不能全面地反映各该步骤产品的生产耗费水平（第一步骤除外），不能更好地满足这些步骤成本管理的要求。

【例 1-8】 多选题

下列各项中，关于产品成本核算方法表述正确的有（　　）。

A. 平行结转分步法不核算各步骤所产半成品的成本

B. 逐步结转分步法需要核算各步骤完工产品成本和在产品成本

C. 品种法下，月末存在在产品的，应将生产费用在完工产品和在产品之间进行分配

D. 分批法下，批内产品同时完工的，月末无需将生产费用在完工产品与在产品之间分配

【答案】ABCD

【例 1-9】 多选题

下列关于成本核算平行结转分步法的表述中，正确的有（　　）。

A. 不必逐步结转半成品成本

B. 各步骤可以同时核算产品成本

C. 能提供各个步骤半成品的成本资料

D. 能直接提供按原始成本项目反映的产成品成本资料

【答案】ABD

【例 1-10】 判断题

采用平行结转分步法，每一生产步骤的生产成本要在最终完工产品与各步骤尚未加工完成的在产品和各步骤已完工但未最终完成的产品之间进行分配。（　　）

【答案】√

五、产品成本核算方法的综合运用

企业产品成本核算方法除品种法、分批法和分步法等基本方法外，还有分类法和定额法等辅助方法。由于生产特点和管理要求不同，企业可采用不同的方法核算产品成本。实际工作中，在一个工业企业中，不同的生产车间由于生产特点和管理要求不同，可同时采用不同的成本核算方法，即使是同一车间的不同产品，企业也可采用不

同的成本核算方法。

（一）同一企业不同车间同时采用不同的成本核算方法

工业企业一般都有基本生产车间和辅助生产车间。基本生产车间和辅助生产车间的生产类型往往不同，因而所采用的成本核算方法也往往不同。例如，纺织厂的纺纱和织布等基本生产车间，一般属于多步骤大量生产，应采用分步法核算半成品纱和产成品布的成本，但厂内供电供气等辅助生产车间，属于单步骤大量生产，应采用品种法核算成本。

（二）同一车间不同产品同时采用不同的成本核算方法

即使是同一生产车间，由于产品不同，其生产类型不同，因而采用的成本核算方法也可能不同。例如，木器厂所产各种木器，有的已经定型，已大量大批生产，可以采用分步法核算成本；有的则正在试制，只能单件、小批生产，应采用分批法核算成本。又如，玻璃制品厂所产日用玻璃杯和玻璃仪器，前者是利用原料直接熔制而成，可视为单步骤生产，而后者是先将原料熔制成各种毛坯，再加工、装配成仪器，属于多步骤生产。因此，即使这两种产品的生产都已定型，而且均属于大批大量生产，但由于工艺过程不同，也应采用不同的方法核算成本，后者采用分步法核算成本。

（三）同一产品不同步骤、不同的半成品、不同的成本项目结合采用不同的成本核算方法

即使是一种产品，其各个生产步骤、各种半成品、各个成本项目之间的生产特点和管理要求也可能不同，由此决定采用的成本核算方法也可能不同，需要将它们结合起来使用。

一种产品的不同生产步骤，由于生产特点和管理要求的不同，可能采用不同的成本核算方法。例如，小批单件生产的机械厂，铸工车间可以采用品种法核算铸件的成本；加工装配车间可采用分批法核算各批产品的成本；而在铸工和加工装配车间之间，则可以采用逐步结转分步法结转铸件的成本。如果在加工和装配车间之间要求分步骤核算成本，在加工车间所产半成品种类较多，又不外售，不需要核算半成品成本的情况下，加工和装配车间可采用平行结转分步法结转成本。这样，该厂在分批法的基础上，结合采用了品种法和分步法，在分步中还结合采用了逐步结转分步法和平行结转分步法。

在构成一种产品的不同零部件（半成品）之间，也可采用不同的成本核算方法。例如，机械厂所产产品的各种零部件，其中不外售的专用件，不要求单独核算成本。经常外售的标准件以及各种产品通用的通用件，则应按这些零部件的生产类型和管理要求，采用适用的成本核算方法单独核算成本。

【例 1-11】 判断题

同一企业的不同车间由于其生产特点和管理要求不同，可分别采用不同的成本核算方法。（　　）

【答案】√

六、产品成本分析

产品成本分析，一般包括对总成本和单位成本的分析。总成本可以按成本项目分析或产品品种分析（可用本期实际成本与计划成本对比分析，也可用本期实际成本与上期实际成本对比分析）。单位成本在分析中，可分为一般分析（可运用对比分析法、趋势分析法）和项目分析（可分为直接材料、直接人工、制造费用项目分析）。

（一）产品生产成本表的编制

1. 产品生产成本表的含义和种类

（1）含义

产品生产成本表是反映企业在报告期内生产的全部产品的总成本的报表。

（2）种类

1）按成本项目反映的产品生产成本表：是指按成本项目汇总反映企业在报告期内发生的全部生产成本以及产品生产成本合计额的报表。

2）按产品种类反映的产品生产成本表：是指按产品种类汇总反映企业在报告期内生产的全部产品的单位成本和总成本的报表。

2. 可比产品成本的降低额和降低率的计算公式

1）可比产品成本降低额＝可比产品按上年实际平均单位成本计算的本年累计总成本－本年累计实际总成本

2）可比产品成本降低率＝可比产品成本降低额÷可比产品按上年实际平均单位成本计算的本年累计总成本 ×100%

【例 1-12】 某公司按产品品种编制的产品生产成本表，见表 1-19。

表 1-19　产品生产成本表（按产品品种反映）

产品名称	计量单位	实际产量		单位成本				本月总成本			本年累计总成本		
		本月	本年累计	上年实际平均	本年计划	本月实际	本年累计实际平均	按上年实际平均单位成本计算	按本年计划单位成本计算	本月实际	按上年实际平均单位成本计算	按本年计划单位成本计算	本年实际
A	个	50	550	81.55	81.15	80.75	81.25	4 077.5	4 057.5	4 037.5	44 852.5	44 632.5	4 4687.5
B	台	100	1 225	67.1	67.5	68.4	67.95	6 710	6 750	6 840	82 197.5	82 687.5	83 238.75
合计		-	-	-	-	-	-	10 787.5	10 807.5	10 877.5	127 050	127 320	127 926.25

可比产品成本的降低额和降低率的计算公式如下：

可比产品成本降低额 = 可比产品按上年实际平均单位成本计算的本年累计总成本 − 本年累计实际总成本

可比产品成本降低额 = 127 050−127 926.25=−876.25（元）

可比产品成本降低率 = 可比产品成本降低额 ÷ 可比产品按上年实际平均单位成本计算的本年累计总成本 ×100%

可比产品成本降低率 =−876.25÷127 050×100%=−0.69%

提示：影响可比产品成本降低额变动的因素有三个：产品产量变动、产品比重变动和产品单位成本变动。

（二）产品总成本分析

1. 按成本项目反映的产品生产成本表的分析

按成本项目反映的产品生产成本表，一般可以采用对比分析法、构成比率分析法和相关指标比率分析法进行分析。

（1）对比分析法

对比分析法也称比较分析法，它是通过将分析期实际数同某些选定的基数进行对比来揭示实际数与基数之间的差异，借以了解成本管理中的成绩和问题的一种分析方法。

对比分析法只适用于同质指标的数量对比。采用该种分析方法时，应当注意相比指标的可比性。如果相比指标之间有不可比的因素，应先按可比的口径进行调整，然后再进行对比。

（2）构成比率分析法

构成比率分析法是通过计算某项指标的各个组成部分占总体的比重，即部分与全部的比率，进行数量分析的方法。这种比率分析法也称比重分析法。通过这种分析，可以反映产品成本的构成是否合理。

产品成本构成比率的计算公式如下：

$$直接材料成本比率 = 直接材料成本 \div 产品成本 \times 100\%$$

$$直接人工成本比率 = 直接人工成本 \div 产品成本 \times 100\%$$

$$制造费用比率 = 制造费用 \div 产品成本 \times 100\%$$

（3）相关指标比率分析法

相关指标比率分析法是通过计算两个性质不同而又相关的指标的比率进行数量分析的方法。在实际工作中，由于企业规模不同等原因，单纯地对比产值、营业收入或利润等绝对数多少，不能说明各个企业经济效益的好坏，如果计算成本与产值、营业收入或利润相比的相对数，即产值成本率、营业收入成本率或成本利润率，就可以反映各企业经济效益的好坏。

产值成本率、营业收入成本率和成本利润率的计算公式如下：

$$产值成本率 = 成本 \div 产值 \times 100\%$$

$$营业收入成本率 = 成本 \div 销售收入 \times 100\%$$

$$成本利润率 = 利润 \div 成本 \times 100\%$$

产值是以货币形式表现的工业企业在报告期内生产的工业产品和提供工业性劳务活动的总价值量，表明工业企业工业生产总规模和总水平，反映的是生产总成果。

从上述计算公式可以看出，产值成本率和营业收入成本率高的企业经济效益差；这两种比率低的企业经济效益好。而成本利润率则与之相反，成本利润率高的企业经济效益好；成本利润率低的企业经济效益差。

2. 按产品种类反映的产品生产成本表的分析

按产品种类反映的产品生产成本表的分析，一般可以从以下两个方面进行：

1）本期实际成本（本年实际产量 × 本年累计实际单位成本）与本期计划成本（本年实际产量 × 本年计划单位成本）的对比分析

2）本期实际成本（本年实际产量 × 本年累计实际单位成本）与上年实际成本（本年实际产量 × 上年实际单位成本）的对比分析

（三）产品单位成本分析

主要产品单位成本表是反映企业在报告期内生产的各种主要产品单位成本构成情况的报表。该表应当按照主要产品分别编制，是按产品种类反映的产品生产成本表中某些主要产品成本的进一步反映。

主要产品单位成本表的分析应当选择成本超支或节约较多的产品有重点地进行，以更有效地降低产品的单位成本。进行分析时，企业可以根据表中本期实际的生产成本（即本期实际的单位成本合计数）与其他各种生产成本进行对比，对产品单位成本进行一般的分析；然后按其成本项目（包括直接材料成本、直接人工成本、制造费用等）进行具体的分析。产品单位成本分析方法如图 1-2 所示。

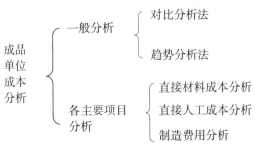

图 1-2　产品单位成本分析

1. 一般分析

（1）对比分析法是将成本指标与不同时期（或不同情况）的数据进行对比，来揭示差异，分析差异产生原因的一种方法。该方法具体包括绝对数比较、增减数比较和指数比较三种形式。根据本期实际的生产成本（即本期实际的单位成本合计数）与其他各种生产成本进行对比，对产品单位成本进行一般的分析。在科学探究活动中，常常用到对比分析法，这种分析法与等效替代法相似。

（2）趋势分析法是通过对产品单位成本有关指标的各期对基期的变化趋势的分析，从中发现问题，为追索和检查账目提供线索的一种分析方法。例如通过对本期实际的生产成本（即本期实际的单位成本合计数）与基期单位生产成本进行对比，对产品单位成本指标进行一般的分析。趋势分析法可采用相对数也可采用绝对数。

2. 各主要项目分析

（1）直接材料成本的分析

直接材料实际成本与计划成本之间的差额构成了直接材料成本差异。形成该差异的基本原因：一是用量偏离标准；二是价格偏离标准。前者按计划价格计算，称为数量差异；后者按实际用量计算，称为价格差异。

$$材料消耗量变动的影响 = (实际数量 - 计划数量) \times 计划价格$$
$$材料价格变动的影响 = (实际价格 - 计划价格) \times 实际数量$$
$$材料消耗量变动的影响 + 材料价格变动的影响 = 实际数量 \times 实际价格 - 计划数量 \times 计划价格$$

提示：比较价格差异时，使用的数量指标是实际的；比较数量差异时，使用的价格指标是计划的（关键点）。

【例 1-13】 计算题

假定 N 产品 2018 年 12 月份计划和实际发生的材料消耗数量和材料价格见表 1-20。

表 1-20　直接材料计划与实际成本对比表

项目	材料消耗数量（千克）	材料价格（元/千克）	直接材料成本（元）
本月计划	200	16.75	3 350
本月实际	170	20.00	3 400
直接材料成本差异			+50

【答案】从表 1-20 可以看出，该产品单位成本中的直接材料成本本月实际比本月计划超支 50 元。单位产品材料成本是材料消耗数量与材料价格的乘积，其影响因素主要在于材料消耗数量差异（量差）和材料价格差异（价差）两个方面。现用差额计算分析法计算这两个方面因素变动对直接材料成本超支的影响，具体如下：

材料消耗数量变动的影响 =（170–200）× 16.75=–502.5（元）

材料价格变动的影响 =170×（20–16.75）=+552.5（元）

两个因素影响程度合计 =–502.5+552.5=+50（元）

通过以上计算可以看出，N 产品的直接材料成本只超支 50 元，差异不大，但分析结果表明，由于材料消耗数量节约（由 200 千克降为 170 千克）使材料成本降低 502.5 元；由于材料价格的提高（由 16.75 元提为 20 元）则使材料成本超支 552.5 元。两者相抵，净超支 50 元。

由此可见，N 产品材料消耗的节约掩盖了绝大部分材料价格提高所引起的材料成本超支。材料消耗节约只要不是偷工减料的结果，一般都是生产车间改革生产工艺、加强成本管理的成绩。材料价格的提高，则要看是由于市场价格上涨等客观原因引起的，还是由于材料采购人员不得力，致使材料买价偏高或材料运杂费增加的结果。

（2）直接人工成本的分析

直接人工实际成本与计划成本之间的差额构成了直接人工成本差异。形成该差异的基本原因：一是量差，指实际工时偏离计划工时，其差额按计划每小时工资成本计算确定的金额，称为单位产品所耗工时变动的影响；二是价差，指实际每小时工资成本偏离计划每小时工资成本，其差额按实际工时计算确定的金额，称为每小时工资成本变动的影响。

单位产品所耗工时变动的影响 =(实际工时 – 计划工时)× 计划每小时工资成本

每小时工资成本变动的影响 = 实际工时 ×(实际每小时工资成本 – 计划每小时工资成本)

单位产品所耗工时变动的影响 + 每小时工资成本变动的影响 = 实际工时 × 实际

每小时工资成本 = 计划工时 × 计划每小时工资成本

【例1-14】 计算题

甲公司实行计时工资,N产品每台所耗工时数和每小时工资成本的计划数与实际数,见表1-21。

表1-21 直接材料计划与实际成本对比表

项目	单位产品所耗工时	每小时工资成本(元)	直接人工成本(元)
本月计划	15	100	1 500
本月实际	11.84	125	1 480
直接人工成本差异	−3.16	+25	−20

单位产品所耗工时变动的影响 =(11.84−15)× 100 = −316(元)

每小时工资成本变动的影响 = 11.84 ×(125−100)= +296(元)

两项因素影响程度合计 = −316 + 296 = −20(元)

以上分析计算表明:N产品直接人工成本节约20元,完全是由于工时消耗大幅度节约的结果,而每小时的工资成本则是超支的,它抵销了绝大部分由于工时消耗节约所产生的直接人工成本的降低额。企业应当进一步查明单位产品工时消耗节约和每小时工资成本超支的原因。

(3)制造费用的分析

制造费用属于间接生产成本,产品成本中的制造费用一般是根据生产工时等分配标准分配计入的。因此,产品单位成本中制造费用的分析,通常与计时工资制度下直接人工成本的分析相类似,先要分析单位产品所耗工时变动和每小时制造费用变动两个因素对制造费用变动的影响,然后查明这两个因素变动的具体原因。

单位产品所耗工时变动的影响 =(实际工时 − 计划工时)× 计划每小时制造费用

每小时制造费用变动的影响 = 实际工时 ×(实际每小时制造费用 − 计划每小时制造费用)

除此之外,制造费用的分析主要采用对比分析法和构成比率分析法等。

【任务实施】

(1)完成代理记账师岗位基础与认知(CMAC四级)配套章节练习。

(2)完成代理记账师岗位基础与认知(CMAC四级)平台任务(参考CMAC试题操作指南)。

任务二　财务报告

【任务描述】

（1）了解财务报告及其目标；
（2）了解财务报表的组成。

【知识储备】

一、财务报告及其目标

财务报告是企业对外提供的反映企业某一特定日期的财务状况和某一会计期间的经营成果、现金流量等会计信息的文件。财务报告包括财务报表和其他应当在财务报告中披露的相关信息和资料。

财务报告的目标是向财务报告使用者提供与企业财务状况、经营成果和现金流量等有关的会计信息，反映企业管理层受托责任履行情况，有助于财务报告使用者做出经济决策。财务报告使用者通常包括投资者、债权人、政府及其有关部门和社会公众等。

二、财务报表的组成

财务报表是对企业财务状况、经营成果和现金流量的结构性表述。一套完整的财务报表至少应当包括资产负债表、利润表、现金流量表、所有者权益（或股东权益）变动表以及附注。

资产负债表、利润表和现金流量表分别从不同角度反映企业的财务状况、经营成果和现金流量。

所有者权益变动表反映构成所有者权益的各组成部分当期的增减变动情况。企业的净利润及其分配情况是所有者权益变动的组成部分，相关信息已经在所有者权益变动表及其附注中反映，企业不需要再单独编制利润分配表。

附注是财务报表不可或缺的组成部分，是对在资产负债表、利润表、现金流量表和所有者权益变动表等报表中列示项目的文字描述或明细资料，以及对未能在这些报表中列示项目的说明等。

（一）资产负债表

1. 资产负债表概述

资产负债表是反映企业在某一特定日期的财务状况的报表，是企业经营活动的静态体现。资产负债表是根据"资产＝负债＋所有者权益"这一平衡公式，依照一定的分类标准和一定的次序，将某一特定日期的资产、负债、所有者权益的具体项目予以适当的排列编制而成。资产负债表可以反映企业在某一特定日期所拥有或控制的经济资源、所承担的现时义务和所有者对资产的要求权，帮助财务报表使用者全面了解企业的财务状况、分析企业的偿债能力等情况，从而为其做出经济决策提供依据。

资产负债表主要反映资产、负债和所有者权益三方面的内容，并满足"资产＝负债＋所有者权益"平衡式。

（1）资产。资产，反映由过去的交易或事项形成并由企业在某一特定日期所拥有或控制的，预期会给企业带来经济利益的资源。资产应当按照流动资产和非流动资产两大类别在资产负债表中列示，在流动资产和非流动资产类别下进一步按性质分项列示。

流动资产是指预计在一个正常营业周期中变现、出售或耗用，或者主要为交易目的而持有，或者预计在资产负债表日起一年内（含一年）变现的资产，或者自资产负债表日起一年内交换其他资产或清偿负债的能力不受限制的现金或现金等价物。资产负债表中列示的流动资产项目通常包括：货币资金、交易性金融资产、应收票据及应收账款、预付款项、其他应收款、存货、合同资产、持有待售资产和一年内到期的非流动资产等。

非流动资产是指流动资产以外的资产。资产负债表中列示的非流动资产项目通常包括债权投资、其他债权投资、长期应收款、长期股权投资、其他权益工具投资、其他非流动金融资产、投资性房地产、固定资产、在建工程、无形资产、开发支出、长期待摊费用、递延所得税资产以及其他非流动资产等。

（2）负债。负债，反映在某一特定日期企业所承担的、预期会导致经济利益流出企业的现时义务。负债应当按照流动负债和非流动负债在资产负债表中进行列示，在流动负债和非流动负债类别下再进一步按性质分项列示。

流动负债是指预计在一个正常营业周期中清偿，或者主要为交易目的而持有，或者自资产负债表日起一年内（含一年）到期应予以清偿，或者企业无权自主地将清偿推迟至资产负债表日后一年以上的负债。资产负债表中列示的流动负债项目通常包括短期借款、交易性金融负债、应付票据及应付账款、预收款项、合同负债、应付职工薪酬、应交税费、其他应付款、持有待售负债、一年内到期的非流动负债等。

非流动负债是指流动负债以外的负债。非流动负债项目通常包括长期借款、应付债券、长期应付款、预计负债、递延收益、递延所得税负债和其他非流动负债等。

（3）所有者权益。所有者权益，是企业资产扣除负债后的剩余权益，反映企业在某一特定日期股东（投资者）拥有的净资产的总额。所有者权益一般按照实收资本、其他权益工具、资本公积、其他综合收益、盈余公积和未分配利润分项列示。

2. 资产负债表的结构

资产负债表一般由表头、表体两部分组成。表头部分应列明报表名称、编制单位名称、资产负债表日、报表编号和计量单位；表体部分是资产负债表的主体，列示了用以说明企业财务状况的各个项目。资产负债表的表体格式一般有两种：报告式资产负债表和账户式资产负债表。报告式资产负债表是上下结构，上半部分列示资产各项目，下半部分列示负债和所有者权益各项目。账户式资产负债表是左右结构，左边列示资产各项目，反映全部资产的分布及存在形态；右边列示负债和所有者权益各项目，反映全部负债和所有者权益的内容及构成情况。不管采取什么格式，资产各项目的合计等于负债和所有者权益各项目的合计这一等式不变。

我国企业的资产负债表采用账户式结构，分为左右两方，左方为资产项目，大体按资产的流动性大小排列，流动性大的资产如"货币资金""交易性金融资产"等排在前面，流动性小的资产如"长期股权投资""固定资产"等排在后面。右方为负债及所有者权益项目，一般按要求清偿时间的先后顺序排列，"短期借款""应付票据及应付账款"等需要在一年以内或者长于一年的一个正常营业周期内偿还的流动负债排在前面，"长期借款"等在一年以上才需偿还的非流动负债排在中间，在企业清算之前不需要偿还的所有者权益项目排在后面。

账户式资产负债表中的资产各项目的合计等于负债和所有者权益各项目的合计，即资产负债表左方和右方平衡。因此，通过账户式资产负债表，可以反映资产、负债、所有者权益之间的内在关系，即"资产＝负债＋所有者权益"。我国企业资产负债表格式见表1-22。

表 1-22 资产负债表的格式

资产负债表

会企 01 表

编制单位：　　　　　　　　　　____年 __月 __日　　　　　　　　　单位：元

资产	期末余额	上年年末余额	负债和所有者权益（或股东权益）	期末余额	上年年末余额
流动资产：			流动负债：		
货币资金			短期借款		
交易性金融资产			交易性金融负债		
衍生金融资产			衍生金融负债		
应收票据			应付票据		
应收账款			应付账款		
应收款项融资			预收款项		
预付款项			合同负债		
其他应收款			应付职工薪酬		
存货			应交税费		
合同资产			其他应付款		
持有待售资产			持有待售负债		
一年内到期的非流动资产			一年内到期的非流动负债		
其他流动资产			其他流动负债		
流动资产合计			流动负债合计		
非流动资产：			非流动负债：		
债权投资			长期借款		
其他债权投资			应付债券		
长期应收款			其中：优先股		
长期股权投资			永续债		
其他权益工具投资			租赁负债		
其他非流动金融资产			长期应付款		
投资性房地产			预计负债		
固定资产			递延收益		
在建工程			递延所得税负债		
生产性生物资产			其他非流动负债		
油气资产			非流动负债合计		
使用权资产			负债合计		
无形资产			所有者权益（或股东权益）：		
开发支出			实收资本（或股本）		
商誉			其他权益工具		
长期待摊费用			其中：优先股		
递延所得税资产			永续债		
其他非流动资产			资本公积		
非流动资产合计			减：库存股		
			其他综合收益		
			专项储备		
			盈余公积		
			未分配利润		
			所有者权益（或股东权益）合计		
资产总计			负债和所有者权益（或股东权益）总计		

（二）资产负债表的编制

1. 资产负债表项目的填列方法

资产负债表各项目均需填列"上年年末余额"和"期末余额"两栏。

资产负债表的"上年年末余额"栏内各项数字，应根据上年年末资产负债表的"期末余额"栏内所列数字填列。如果上年度资产负债表规定的各个项目的名称和内容与本年度不相一致，应按照本年度的规定对上年年末资产负债表各项目的名称和数字进行调整，填入本表"上年年末余额"栏内。

资产负债表的"期末余额"栏主要有以下几种填列方法：

（1）根据总账科目余额填列。如"短期借款""资本公积"等项目，根据"短期借款""资本公积"各总账科目的余额直接填列；有些项目则需根据几个总账科目的期末余额计算填列，如"货币资金"项目，需根据"库存现金""银行存款""其他货币资金"三个总账科目的期末余额的合计数填列。

（2）根据明细账科目余额计算填列。如"预付款项"项目，需要根据"应付账款"科目借方余额和"预付账款"科目借方余额减去与"预付账款"有关的坏账准备贷方余额计算填列；"预收款项"项目，需要根据"应收账款"科目贷方余额和"预收账款"科目贷方余额计算填列；"开发支出"项目，需要根据"研发支出"科目中所属的"资本化支出"明细科目期末余额计算填列；"应付职工薪酬"项目，需要根据"应付职工薪酬"科目的明细科目期末余额计算填列；"一年内到期的非流动资产""一年内到期的非流动负债"项目，需要根据有关非流动资产和非流动负债项目的明细科目余额计算填列；"未分配利润"项目，需要根据"利润分配"科目中所属的"未分配利润"明细科目期末余额填列。

（3）根据总账科目和明细账科目余额分析计算填列。如"长期借款"项目，需要根据"长期借款"总账科目余额扣除"长期借款"科目所属的明细科目中将在一年内到期且企业不能自主地将清偿义务展期的长期借款后的金额计算填列；"其他非流动资产"项目，应根据有关科目的期末余额减去将于一年内（含一年）收回数后的金额计算填列；"其他非流动负债"项目，应根据有关科目的期末余额减去将于一年内（含一年）到期偿还数后的金额计算填列。

（4）根据有关科目余额减去其备抵科目余额后的净额填列。如资产负债表中"长期股权投资""在建工程"等项目，应当根据"长期股权投资""在建工程"等科目的期末余额减去"长期股权投资减值准备""在建工程减值准备"等备抵科目余额后的净额填列。"投资性房地产""固定资产"项目，应当根据"投资性房地产""固定资产"科目的期末余额，减去"投资性房地产累计折旧""投资性房地产减值准备""累计折旧""固定资产减值准备"等备抵科目的期末余额，以及"固定资产清理"科目期末余额后的净额填列；"无形资产"项目，应当根据"无形资产"科目的期末余额，减去"累计摊销""无形资产减值准备"等备抵科目余额后的净额填列。

（5）综合运用上述填列方法分析填列。如资产负债表中的"存货"项目，需要根据"原材料""库存商品""委托加工物资""周转材料""材料采购""在途物资""发出商品""材料成本差异"等总账科目期末余额的分析汇总数，再减去"存货跌价准备"科目余额后的净额填列。

2. 资产负债表项目的填列说明

资产负债表中资产、负债和所有者权益主要项目的填列说明如下：

（1）资产项目的填列说明。

1）"货币资金"项目，反映企业库存现金、银行结算户存款、外埠存款、银行汇票存款、银行本票存款、信用卡存款、信用证保证金存款等的合计数。本项目应根据"库存现金""银行存款""其他货币资金"科目期末余额的合计数填列。

2）"交易性金融资产"项目，反映企业资产负债表日分类为以公允价值计量且其变动计入当期损益的金融资产，以及企业持有的直接指定为以公允价值计量且其变动计入当期损益的金融资产的期末账面价值。该项目应根据"交易性金融资产"科目的相关明细科目期末余额分析填列。自资产负债表日起超过一年到期且预期持有超过一年的以公允价值计量且其变动计入当期损益的非流动金融资产的期末账面价值，在"其他非流动金融资产"项目反映。

3）"应收票据"项目，反映资产负债表日以摊余成本计量的、企业因销售商品、提供服务等收到的商业汇票，包括银行承兑汇票和商业承兑汇票。该项目应根据"应收票据"科目的期末余额，减去"坏账准备"科目中相关坏账准备期末余额后的金额分析填列。

4）"应收账款"项目，反映资产负债表日以摊余成本计量的、企业因销售商品、提供服务等经营活动应收取的款项。该项目应根据"应收账款"科目的期末余额，减去"坏账准备"科目中相关坏账准备期末余额后的金额分析填列。

5）"应收款项融资"项目，反映资产负债表日以公允价值计量且其变动计入其他综合收益的应收票据和应收账款等。

6）"预付款项"项目，反映企业按照购货合同规定预付给供应单位的款项等。本项目应根据"预付账款"和"应付账款"科目所属各明细科目的期末借方余额合计数，减去"坏账准备"科目中有关预付账款计提的坏账准备期末余额后的净额填列。如"预付账款"科目所属明细科目期末有贷方余额的，应在资产负债表"应付票据及应付账款"项目内填列。

7)"其他应收款"项目,应根据"应收利息""应收股利"和"其他应收款"科目的期末余额合计数,减去"坏账准备"科目中相关坏账准备期末余额后的金额填列。其中的"应收利息"仅反映相关金融工具已到期可收取但于资产负债表日尚未收到的利息。基于实际利率法计提的金融工具的利息应包含在相应金融工具的账面余额中。

8)"存货"项目,反映企业期末在库、在途和在加工中的各种存货的可变现净值或成本(成本与可变现净值孰低)。存货包括各种材料、商品、在产品、半成品、包装物、低值易耗品、委托代销商品等。本项目应根据"材料采购""原材料""低值易耗品""库存商品""周转材料""委托加工物资""委托代销商品""生产成本""受托代销商品"等科目的期末余额合计数,减去"受托代销商品款""存货跌价准备"科目期末余额后的净额填列。材料采用计划成本核算,以及库存商品采用计划成本核算或售价核算的企业,还应按加或减材料成本差异、商品进销差价后的金额填列。

9)"合同资产"项目。企业应按照《企业会计准则第 14 号——收入》(财会〔2017〕22 号)的相关规定根据本企业履行履约义务与客户付款之间的关系在资产负债表中列示合同资产。"合同资产"项目,应分别根据"合同资产"科目的相关明细科目的期末余额分析填列,同一合同下的合同资产应当以净额列示,其中净额为借方余额的,应当根据其流动性在"合同资产"或"其他非流动资产"项目中填列,已计提减值准备的,还应减去"合同资产减值准备"科目中相关的期末余额后的金额填列。由于同一合同下的合同资产应当以净额列示,企业也可以设置"合同结算"科目(或其他类似科目),以核算同一合同下属于在某一时段内履行履约义务涉及与客户结算对价的合同资产,并在此科目下设置"合同结算——价款结算"科目反映定期与客户进行结算的金额,设置"合同结算——收入结转"科目反映按履约进度结转的收入金额。资产负债表日,"合同结算"科目的期末余额在借方的,根据其流动性在"合同资产"或"其他非流动资产"项目中填列。

10)"持有待售资产"项目,反映资产负债表日划分为持有待售类别的非流动资产及划分为持有待售类别的处置组中的流动资产和非流动资产的期末账面价值。该项目应根据"持有待售资产"科目的期末余额,减去"持有待售资产减值准备"科目的期末余额后的金额填列。

11)"一年内到期的非流动资产"项目,通常反映预计自资产负债表日起一年内变现的非流动资产。对于按照相关会计准则采用折旧(或摊销、折耗)方法进行后续计量的固定资产、使用权资产、无形资产和长期待摊费用等非流动资产,折旧(或摊销、折耗)年限(或期限)只剩一年或不足一年的,或预计在一年内(含一年)进行折旧(或摊销、折耗)的部分,不得归类为流动资产,仍在各该非流动资产项目中填列,不转入"一年内到期的非流动资产"项目。

12)"债权投资"项目，反映资产负债表日企业以摊余成本计量的长期债权投资的期末账面价值。该项目应根据"债权投资"科目的相关明细科目期末余额，减去"债权投资减值准备"科目中相关减值准备的期末余额后的金额分析填列。自资产负债表日起一年内到期的长期债权投资的期末账面价值，在"一年内到期的非流动资产"项目反映。企业购入的以摊余成本计量的一年内到期的债权投资的期末账面价值，在"其他流动资产"项目反映。

13)"其他债权投资"项目，反映资产负债表日企业分类为以公允价值计量且其变动计入其他综合收益的长期债权投资的期末账面价值。该项目应根据"其他债权投资"科目的相关明细科目的期末余额分析填列。自资产负债表日起一年内到期的长期债权投资的期末账面价值，在"一年内到期的非流动资产"项目反映。企业购入的以公允价值计量且其变动计入其他综合收益的一年内到期的债权投资的期末账面价值，在"其他流动资产"项目反映。

14)"长期应收款"项目，反映企业融资租赁产生的应收款项和采用递延方式分期收款、实质上具有融资性质的销售商品和提供劳务等经营活动产生的应收款项。本项目应根据"长期应收款"科目的期末余额，减去相应的"未实现融资收益"科目和"坏账准备"科目所属相关明细科目期末余额后的金额填列。

15)"长期股权投资"项目，反映投资方对被投资单位实施控制、重大影响的权益性投资，以及对其合营企业的权益性投资。本项目应根据"长期股权投资"科目的期末余额，减去"长期股权投资减值准备"科目的期末余额后的净额填列。

16)"其他权益工具投资"项目，反映资产负债表日企业指定为以公允价值计量且其变动计入其他综合收益的非交易性权益工具投资的期末账面价值。该项目应根据"其他权益工具投资"科目的期末余额填列。

17)"固定资产"项目，反映资产负债表日企业固定资产的期末账面价值和企业尚未清理完毕的固定资产清理净损益。该项目应根据"固定资产"科目的期末余额，减去"累计折旧"和"固定资产减值准备"科目的期末余额后的金额，以及"固定资产清理"科目的期末余额填列。

18)"在建工程"项目，反映资产负债表日企业尚未达到预定可使用状态的在建工程的期末账面价值和企业为在建工程准备的各种物资的期末账面价值。该项目应根据"在建工程"科目的期末余额，减去"在建工程减值准备"科目的期末余额后的金额，以及"工程物资"科目的期末余额，减去"工程物资减值准备"科目的期末余额后的金额填列。

19)"使用权资产"项目，反映资产负债表日承租人企业持有的使用权资产的期末账面价值。该项目应根据"使用权资产"科目的期末余额，减去"使用权资产累计折旧"和"使用权资产减值准备"科目的期末余额后的金额填列。

20）"无形资产"项目，反映企业持有的专利权、非专利技术、商标权、著作权、土地使用权等无形资产的成本减去累计摊销和减值准备后的净值。本项目应根据"无形资产"科目的期末余额，减去"累计摊销"和"无形资产减值准备"科目期末余额后的净额填列。

21）"开发支出"项目，反映企业开发无形资产过程中能够资本化形成无形资产成本的支出部分。本项目应当根据"研发支出"科目中所属的"资本化支出"明细科目期末余额填列。

22）"长期待摊费用"项目，反映企业已经发生但应由本期和以后各期负担的分摊期限在一年以上的各项费用。长期待摊费用中在一年内（含一年）摊销的部分，在资产负债表"一年内到期的非流动资产"项目填列。本项目应根据"长期待摊费用"科目的期末余额，减去将于一年内（含一年）摊销的数额后的金额分析填列。

23）"递延所得税资产"项目，反映企业根据所得税准则确认的可抵扣暂时性差异产生的所得税资产。本项目应根据"递延所得税资产"科目的期末余额填列。

24）"其他非流动资产"项目，反映企业除上述非流动资产以外的其他非流动资产。本项目应根据有关科目的期末余额填列。

（2）负债项目的填列说明。

1）"短期借款"项目，反映企业向银行或其他金融机构等借入的期限在一年以下（含一年）的各种借款。本项目应根据"短期借款"科目的期末余额填列。

2）"交易性金融负债"项目，反映资产负债表日企业承担的交易性金融负债，以及企业持有的指定为以公允价值计量且其变动计入当期损益的金融负债的期末账面价值。该项目应根据"交易性金融负债"科目的相关明细科目的期末余额填列。

3）"应付票据"项目，反映资产负债表日以摊余成本计量的、企业因购买材料、商品和接受服务等开出、承兑的商业汇票，包括银行承兑汇票和商业承兑汇票。该项目应根据"应付票据"科目的期末余额填列。

4）"应付账款"项目，反映资产负债表日以摊余成本计量的、企业因购买材料、商品和接受服务等经营活动应支付的款项。该项目应根据"应付账款"和"预付账款"科目所属的相关明细科目的期末贷方余额合计数填列。

5）"预收款项"项目，反映企业按照购货合同规定预收供应单位的款项。本项目应根据"预收账款"和"应收账款"科目所属各明细科目的期末贷方余额合计数填列。如"预收账款"科目所属明细科目期末有借方余额的，应在资产负债表"应收票据及应收账款"项目内填列。

6）"合同负债"项目。企业应按照《企业会计准则第 14 号——收入》（财会

〔2017〕22号）的相关规定根据本企业履行履约义务与客户付款之间的关系在资产负债表中列示合同负债。"合同负债"项目，应根据"合同负债"科目的相关明细科目的期末余额分析填列，同一合同下的合同负债应当以净额列示，其中净额为贷方余额的，应当根据其流动性在"合同负债"或"其他非流动负债"项目中填列。由于同一合同下的合同负债应当以净额列示，企业也可以设置"合同结算"科目（或其他类似科目），以核算同一合同下属于在某一时段内履行履约义务涉及与客户结算对价的合同负债，并在此科目下设置"合同结算——价款结算"科目反映定期与客户进行结算的金额，设置"合同结算——收入结转"科目反映按履约进度结转的收入金额。资产负债表日，"合同结算"科目的期末余额在贷方的，根据其流动性在"合同负债"或"其他非流动负债"项目中填列。

7)"应付职工薪酬"项目，反映企业为获得职工提供的服务或解除劳动关系而给予的各种形式的报酬或补偿。企业提供给职工配偶、子女、受赡养人、已故员工遗属及其他受益人等的福利，也属于职工薪酬。职工薪酬主要包括短期薪酬、离职后福利、辞退福利和其他长期职工福利。本项目应根据"应付职工薪酬"科目所属各明细科目的期末贷方余额分析填列。外商投资企业按规定从净利润中提取的职工奖励及福利基金，也在本项目列示。

8)"应交税费"项目，反映企业按照税法规定计算应交纳的各种税费，包括增值税、消费税、城市维护建设税、教育费附加、企业所得税、资源税、土地增值税、房产税、城镇土地使用税、车船税、矿产资源补偿费等。企业代扣代缴的个人所得税，也通过本项目列示。企业所交纳的税金不需要预计应交数的，如印花税、耕地占用税等，不在本项目列示。本项目应根据"应交税费"科目的期末贷方余额填列，如"应交税费"科目期末为借方余额，应以"——"号填列。需要说明的是，"应交税费"科目下的"应交增值税""未交增值税""待抵扣进项税额""待认证进项税额""增值税留抵税额"等明细科目期末借方余额应根据情况，在资产负债表中的"其他流动资产"或"其他非流动资产"项目列示；"应交税费——待转销项税额"等科目期末贷方余额应根据情况，在资产负债表中的"其他流动负债"或"其他非流动负债"项目列示；"应交税费"科目下的"未交增值税""简易计税""转让金融商品应交增值税""代扣代交增值税"等科目期末贷方余额应在资产负债表中的"应交税费"项目列示。

9)"其他应付款"项目，应根据"应付利息""应付股利"和"其他应付款"科目的期末余额合计数填列。其中的"应付利息"仅反映相关金融工具已到期应支付但于资产负债表日尚未支付的利息。基于实际利率法计提的金融工具的利息应包含在相应金融工具的账面余额中。

10)"持有待售负债"项目，反映资产负债表日处置组中与划分为持有待售类别的资产直接相关的负债的期末账面价值。该项目应根据"持有待售负债"科目的期末余额填列。

11)"一年内到期的非流动负债"项目，反映企业非流动负债中将于资产负债表日后一年内到期部分的金额，如将于一年内偿还的长期借款。本项目应根据有关科目的期末余额分析填列。

12)"长期借款"项目，反映企业向银行或其他金融机构借入的期限在一年以上（不含一年）的各项借款。本项目应根据"长期借款"科目的期末余额，扣除"长期借款"科目所属的明细科目中将在资产负债表日起一年内到期且企业不能自主地将清偿义务展期的长期借款后的金额计算填列。

13)"应付债券"项目，反映企业为筹集长期资金而发行的债券本金（和利息）。本项目应根据"应付债券"科目的期末余额分析填列。

14)"租赁负债"项目，反映资产负债表日承租人企业尚未支付的租赁付款额的期末账面价值。该项目应根据"租赁负债"科目的期末余额填列。自资产负债表日起一年内到期应予以清偿的租赁负债的期末账面价值，在"一年内到期的非流动负债"项目反映。

15)"长期应付款"项目，反映资产负债表日企业除长期借款和应付债券以外的其他各种长期应付款项的期末账面价值。该项目应根据"长期应付款"科目的期末余额，减去相关的"未确认融资费用"科目的期末余额后的金额，以及"专项应付款"科目的期末余额填列。

16)"预计负债"项目，反映企业根据或有事项等相关准则确认的各项预计负债，包括对外提供担保、未决诉讼、产品质量保证、重组义务以及固定资产和矿区权益弃置义务等产生的预计负债。本项目应根据"预计负债"科目的期末余额填列。

17)"递延收益"项目中摊销期限只剩一年或不足一年的，或预计在一年内（含一年）进行摊销的部分，不得归类为流动负债，仍在该项目中填列，不转入"一年内到期的非流动负债"项目。

18)"递延所得税负债"项目，反映企业根据所得税准则确认的应纳税暂时性差异产生的所得税负债。本项目应根据"递延所得税负债"科目的期末余额填列。

19)"其他非流动负债"项目，反映企业除以上非流动负债以外的其他非流动负债。本项目应根据有关科目期末余额，减去将于一年内（含一年）到期偿还数后的余额分析填列。非流动负债各项目中将于一年内（含一年）到期的非流动负债，应在"一年内到期的非流动负债"项目内反映。

（3）所有者权益项目的填列说明。

1)"实收资本（或股本）"项目，反映企业各投资者实际投入的资本（或股本）总额。本项目应根据"实收资本(或股本)"科目的期末余额填列。

2)"其他权益工具"项目,反映资产负债表日企业发行在外的除普通股以外分类为权益工具的金融工具的期末账面价值。对于资产负债表日企业发行的金融工具,分类为金融负债的,应在"应付债券"项目填列,对于优先股和永续债,还应在"应付债券"项目下的"优先股"项目和"永续债"项目分别填列;分类为权益工具的,应在"其他权益工具"项目填列,对于优先股和永续债,还应在"其他权益工具"项目下的"优先股"项目和"永续债"项目分别填列。

3)"资本公积"项目,反映企业收到投资者出资超出其在注册资本或股本中所占的份额以及直接计入所有者权益的利得和损失等。本项目应根据"资本公积"科目的期末余额填列。

4)"其他综合收益"项目,反映企业其他综合收益的期末余额。本项目应根据"其他综合收益"科目的期末余额填列。

5)"专项储备"项目,反映高危行业企业按国家规定提取的安全生产费的期末账面价值。该项目应根据"专项储备"科目的期末余额填列。

6)"盈余公积"项目,反映企业盈余公积的期末余额。本项目应根据"盈余公积"科目的期末余额填列。

7)"未分配利润"项目,反映企业尚未分配的利润。未分配利润是指企业实现的净利润经过弥补亏损、提取盈余公积和向投资者分配利润后留存在企业的、历年结存的利润。本项目应根据"本年利润"科目和"利润分配"科目的余额计算填列。未弥补的亏损在本项目内以"-"号填列。

【例1-15】 判断题

资产负债表中的"其他应收款"项目,直接根据其他应收款科目余额填列。( )

【答案】×

【解析】"其他应收款"项目,应根据"应收利息""应收股利""其他应收款"科目的期末余额合计数,减去"坏账准备"科目中相关坏账准备期末余额后的金额填列。

(三)利润表

1. 利润表概述

利润表,又称损益表,是反映企业在一定会计期间的经营成果的报表。

通过利润表,可以反映企业在一定会计期间收入、费用、利润(或亏损)的金额和构成情况,帮助财务报表使用者全面了解企业的经营成果,分析企业的获利能力及盈利增长趋势,从而为其做出经济决策提供依据。

利润表包括的项目主要有营业收入、营业成本、税金及附加、销售费用、管理费用、研发费用、财务费用、资产减值损失、其他收益、投资收益、公允价值变动收益、资产处置收益、营业利润、营业外收入、营业外支出、利润总额、所得税费用、净利润、其他综合收益的税后净额、综合收益总额、每股收益等。

2. 利润表的结构

利润表的结构有单步式和多步式两种。单步式利润表是将当期所有的收入列在一起，再将所有的费用列在一起，然后将两者相减得出当期净损益。

在我国，企业的利润表采用多步式格式，即通过对当期的收入、费用、支出项目按性质加以归类，按利润形成的主要环节列示一些中间性利润指标，分步计算当期净损益，以便财务报表使用者理解企业经营成果的不同来源。

利润表一般由表头、表体两部分组成。表头部分应列明报表名称、编制单位名称、编制日期、报表编号和计量单位。表体部分是利润表的主体，列示了形成经营结果的各个项目和计算过程。

为了使财务报表使用者通过比较不同期间利润的实现情况，判断企业经营成果的未来发展趋势，企业需要提供比较利润表。为此，利润表还需就各项目再分为"本期金额"和"上期金额"两栏分步填列。我国企业利润表的格式一般见表 1-23。

表 1-23 利润表的格式

利润表

会企 02 表

编制单位： ___年___月 单位：元

项　目	本期金额	上期金额
一、营业收入		
减：营业成本		
税金及附加		
销售费用		
管理费用		
研发费用		
财务费用		
其中：利息费用		
利息收入		
资产减值损失		
信用减值损失		
加：其他收益		
投资收益（损失以"-"号填列）		
其中：对联营企业和合营企业的投资收益		
净敞口套期收益（损失以"-"号填列）		

（续）

项　目	本期金额	上期金额
公允价值变动收益（损失以"-"号填列）		
资产处置收益（损失以"-"号填列）		
二、营业利润（亏损以"-"号填列）		
加：营业外收入		
减：营业外支出		
三、利润总额（亏损总额以"-"号填列）		
减：所得税费用		
四、净利润（净亏损以"-"号填列）		
（一）持续经营净利润（净亏损以"-"号填列）		
（二）终止经营净利润（净亏损以"-"号填列）		
五、其他综合收益的税后净额		
（一）不能重分类进损益的其他综合收益		
1. 重新计量设定受益计划变动额		
2. 权益法下不能转损益的其他综合收益		
3. 其他权益工具投资公允价值变动		
4. 企业自身信用风险公允价值变动		
……		
（二）将重分类进损益的其他综合收益		
1. 权益法下可转损益的其他综合收益		
2. 其他债权投资公允价值变动		
3. 金融资产重分类计入其他综合收益的金额		
4. 其他债权投资信用减值准备		
5. 现金流量套期储备		
6. 外币财务报表折算差额		
六、综合收益总额		
七、每股收益		
（一）基本每股收益		
（二）稀释每股收益		

（四）利润表的编制

利润表编制的原理是"收入－费用＝利润"的会计平衡公式和收入与费用的配比原则。企业在生产经营中不断地取得各项收入，同时发生各种费用，收入减去费用，剩余的部分就是企业的盈利。取得的收入和发生的相关费用的对比情况就是企业的经营成果。如果企业经营不当，发生的生产经营费用超过取得的收入，企业就发生了亏损；反之企业就能取得一定的利润。企业将经营成果的核算过程和结果编制成报表，就形成了利润表。

1. 利润表项目的填列方法

我国企业利润表的主要编制步骤和内容如下：

第一步，以营业收入为基础，减去营业成本、税金及附加、销售费用、管理费用、研发费用、财务费用、资产减值损失、信用减值损失，加上其他收益、投资收益（或减去投资损失）、公允价值变动收益（或减去公允价值变动损失）、资产处置收益（或减去资产处置损失），计算出营业利润。

第二步，以营业利润为基础，加上营业外收入，减去营业外支出，计算出利润总额。

第三步，以利润总额为基础，减去所得税费用，即计算出净利润（或净亏损）。

第四步，以净利润（或净亏损）为基础，计算出每股收益。

第五步，以净利润（或净亏损）和其他综合收益为基础，计算出综合收益总额。

利润表各项目均需填列"本期金额"和"上期金额"两栏。其中"上期金额"栏内各项数字，应根据上年该期利润表的"本期金额"栏内所列数字填列。"本期金额"栏内各项数字，除"基本每股收益"和"稀释每股收益"项目外，应当按照相关科目的发生额分析填列。如"营业收入"项目，根据"主营业务收入""其他业务收入"科目的发生额分析计算填列；"营业成本"项目，根据"主营业务成本""其他业务成本"科目的发生额分析计算填列。

2. 利润表项目的填列说明

（1）"营业收入"项目，反映企业经营主要业务和其他业务所确认的收入总额。本项目应根据"主营业务收入"和"其他业务收入"科目的发生额分析填列。

（2）"营业成本"项目，反映企业经营主要业务和其他业务所发生的成本总额。本项目应根据"主营业务成本"和"其他业务成本"科目的发生额分析填列。

（3）"税金及附加"项目，反映企业经营业务应负担的消费税、城市维护建设税、教育费附加、资源税、土地增值税及房产税、车船税、城镇土地使用税、印花税等相关税费。本项目应根据"税金及附加"科目的发生额分析填列。

（4）"销售费用"项目，反映企业在销售商品过程中发生的包装费、广告费等费用和为销售本企业商品而专设的销售机构的职工薪酬、业务费等经营费用。本项目应根据"销售费用"科目的发生额分析填列。

（5）"管理费用"项目，反映企业为组织和管理生产经营发生的管理费用。本项目应根据"管理费用"科目的发生额分析填列。

（6）"研发费用"项目，反映企业进行研究与开发过程中发生的费用化支出。该项目应根据"管理费用"科目下的"研发费用"明细科目的发生额分析填列。

（7）"财务费用"项目，反映企业为筹集生产经营所需资金等而发生的筹资费用。

本项目应根据"财务费用"科目的发生额分析填列。其中："利息费用"项目，反映企业为筹集生产经营所需资金等而发生的应予费用化的利息支出，该项目应根据"财务费用"科目的相关明细科目的发生额分析填列。"利息收入"项目，反映企业确认的利息收入，该项目应根据"财务费用"科目的相关明细科目的发生额分析填列。

（8）"资产减值损失"项目，反映企业各项资产发生的减值损失。本项目应根据"资产减值损失"科目的发生额分析填列。

（9）"信用减值损失"项目，反映企业计提的各项金融工具减值准备所形成的预期信用损失。该项目应根据"信用减值损失"科目的发生额分析填列。

（10）"其他收益"项目，反映计入其他收益的政府补助等。本项目应根据"其他收益"科目的发生额分析填列。

（11）"投资收益"项目，反映企业以各种方式对外投资所取得的收益。本项目应根据"投资收益"科目的发生额分析填列。如为投资损失，本项目以"-"号填列。

（12）"公允价值变动收益"项目，反映企业应当计入当期损益的资产或负债公允价值变动收益。本项目应根据"公允价值变动损益"科目的发生额分析填列，如为净损失，本项目以"-"号填列。

（13）"资产处置收益"项目，反映企业出售划分为持有待售的非流动资产（金融工具、长期股权投资和投资性房地产除外）或处置组（子公司和业务除外）时确认的处置利得或损失，以及处置未划分为持有待售的固定资产、在建工程、生产性生物资产及无形资产而产生的处置利得或损失。债务重组中因处置非流动资产产生的利得或损失、非货币性资产交换中换出非流动资产产生的利得或损失也包括在本项目内。本项目应根据"资产处置损益"科目的发生额分析填列；如为处置损失，以"-"号填列。

（14）"营业利润"项目，反映企业实现的营业利润。如为亏损，以"-"号填列。

（15）"营业外收入"项目，反映企业发生的除营业利润以外的收益，主要包括债务重组利得、与企业日常活动无关的政府补助、盘盈利得、捐赠利得（企业接受股东或股东的子公司直接或间接的捐赠，经济实质属于股东对企业的资本性投入的除外）等。本项目应根据"营业外收入"科目的发生额分析填列。

（16）"营业外支出"项目，反映企业发生的与经营业务无直接关系的各项支出，主要包括债务重组损失、公益性捐赠支出、非常损失、盘亏损失、非流动资产毁损报废损失等。本项目应根据"营业外支出"科目的发生额分析填列。

（17）"利润总额"项目，反映企业实现的利润。如为亏损，以"-"号填列。

（18）"所得税费用"项目，反映企业应从当期利润总额中扣除的所得税费用。本项目应根据"所得税费用"科目的发生额分析填列。

(19)"净利润"项目，反映企业实现的净利润。如为亏损，以"–"号填列。

(20)"其他综合收益的税后净额"项目，反映企业根据企业会计准则规定未在损益中确认的各项利得和损失扣除所得税影响后的净额。

(21)"综合收益总额"项目，反映企业净利润与其他综合收益（税后净额）的合计金额。

(22)"每股收益"项目，包括基本每股收益和稀释每股收益两项指标，反映普通股或潜在普通股已公开交易的企业，以及正处在公开发行普通股或潜在普通股过程中的企业的每股收益信息。

【例1-16】 判断题

"收入–费用=利润"等式反映了企业一定期间的经营成果，它是编制资产负债表的基础。 （　　）

【答案】×

【解析】"收入–费用=利润"是编制利润表的基础。

【例1-17】 单选题

制多步式利润表的第一步，应（　　）。

A.以营业收入为基础，计算营业利润

B.以营业收入为基础，计算利润总额

C.以营业利润为基础，计算利润总额

D.以利润总额为基础，计算净利润

【答案】A

【解析】本题考核多步式利润表的编制。多步式利润表主要编制步骤中的第一步：以营业收入为基础，计算营业利润。营业利润=营业收入–营业成本–税金及附加–销售费用–管理费用–财务费用–资产减值损失+公允价值变动收益（–公允价值变动损失）+投资收益（–投资损失）。

（五）现金流量表

1.现金流量表概述

现金流量表，是反映企业在一定会计期间现金和现金等价物流入和流出的报表。从编制原则上看，现金流量表按照收付实现制原则编制，将权责发生制下的盈利信息调整为收付实现制下的现金流量信息，便于信息使用者了解企业净利润的质量。从内容上看，现金流量表被划分为经营活动、投资活动和筹资活动三个部分，每类活动又分为各具体项目。这些项目从不同角度反映企业业务活动的现金流入与流出，弥补了资产负债表和利润表提供信息的不足。通过现金流量表，报表使用者能够了解现金流量的影响因素，评价企业的支付能力、偿债能力和周转能力，预测企业未来现金流量，为其决策提供有力依据。

2. 现金流量表的结构

在现金流量表中，现金及现金等价物被视为一个整体，企业现金形式的转换不会产生现金的流入和流出。例如，企业从银行提取现金，是企业现金存放形式的转换，并未流出企业，不构成现金流量。同样，现金与现金等价物之间的转换也不属于现金流量，例如，企业用现金购买三个月到期的国库券。根据企业业务活动的性质和现金流量的来源，现金流量表在结构上将企业一定期间产生的现金流量分为三类：经营活动产生的现金流量、投资活动产生的现金流量和筹资活动产生的现金流量。

现金流量表的格式见表1-24。

表1-24 现金流量表的格式

现金流量表

编制单位： ___年___月　　　　　　　　　　　　　　　会企03表
　　　　　　　　　　　　　　　　　　　　　　　　　　　单位：元

项　目	本期金额	上期金额
一、经营活动产生的现金流量：		
销售商品、提供劳务收到的现金		
收到的税费返还		
收到其他与经营活动有关的现金		
经营活动现金流入小计		
购买商品、接受劳务支付的现金		
支付给职工以及为职工支付的现金		
支付的各项税费		
支付其他与经营活动有关的现金		
经营活动现金流出小计		
经营活动产生的现金流量净额		
二、投资活动产生的现金流量：		
收回投资收到的现金		
取得投资收益收到的现金		
处置固定资产、无形资产和其他长期资产收回的现金净额		
处置子公司及其他营业单位收到的现金净额		
收到其他与投资活动有关的现金		

（续）

项　目	本期金额	上期金额
投资活动现金流入小计		
购建固定资产、无形资产和其他长期资产支付的现金		
投资支付的现金		
取得子公司及其他营业单位支付的现金净额		
支付其他与投资活动有关的现金		
投资活动现金流出小计		
投资活动产生的现金流量净额		
三、筹资活动产生的现金流量：		
吸收投资收到的现金		
取得借款收到的现金		
收到其他与筹资活动有关的现金		
筹资活动现金流入小计		
偿还债务支付的现金		
分配股利、利润或偿付利息支付的现金		
支付其他与筹资活动有关的现金		
筹资活动现金流出小计		
筹资活动产生的现金流量净额		
四、汇率变动对现金及现金等价物的影响		
五、现金及现金等价物净增加额		
加：期初现金及现金等价物余额		
六、期末现金及现金等价物余额		

（六）现金流量表的编制

1.现金流量表项目的填列方法

（1）直接法和间接法。编制现金流量表时，列报经营活动现金流量的方法有两种：一是直接法；二是间接法。在直接法下，一般是以利润表中的营业收入为起算点，调节与经营活动有关的项目的增减变动，然后计算出经营活动产生的现金流量。在间接法下，将净利润调节为经营活动现金流量，实际上就是将按权责发生制原则确定的净利润调整为现金净流入，并剔除投资活动和筹资活动对现金流量的影响。

采用直接法编报的现金流量表,便于分析企业经营活动产生的现金流量的来源和用途,预测企业现金流量的未来前景;采用间接法编报的现金流量表,便于将净利润与经营活动产生的现金流量净额进行比较,了解净利润与经营活动产生的现金流量差异的原因,从现金流量的角度分析净利润的质量。所以,我国企业会计准则规定企业应当采用直接法编报现金流量表,同时要求在附注中提供以净利润为基础调节的经营活动现金流量的信息。

(2)工作底稿法、T形账户法和分析填列法。在具体编制现金流量表时,可以采用工作底稿法或T形账户法,也可以根据有关科目记录分析填列。

1)工作底稿法。采用工作底稿法编制现金流量表,是以工作底稿为手段,以资产负债表和利润表数据为基础,对每一项目进行分析并编制调整分录,从而编制现金流量表。工作底稿法的程序是:

第一步,将资产负债表的期初数和期末数过入工作底稿的期初数栏和期末数栏。

第二步,对当期业务进行分析并编制调整分录。编制调整分录时,要以利润表项目为基础,从"营业收入"开始,结合资产负债表项目逐一进行分析。在调整分录中,有关现金和现金等价物的事项,并不直接借记或贷记现金,而是分别记入"经营活动产生的现金流量净额""投资活动产生的现金流量净额""筹资活动产生的现金流量净额"有关项目,借记表示现金流入,贷记表示现金流出。

第三步,将调整分录过入工作底稿中的相应部分。

第四步,核对调整分录,借方、贷方合计数均已经相等,资产负债表项目期初数加减调整分录中的借贷金额以后,也等于期末数。

第五步,根据工作底稿中的现金流量表项目部分编制正式的现金流量表。

2)T形账户法。采用T形账户法编制现金流量表,是以T形账户为手段,以资产负债表和利润表数据为基础,对每一项目进行分析并编制调整分录,从而编制现金流量表。T形账户法的程序是:

第一步,为所有的非现金项目(包括资产负债表项目和利润表项目)分别开设T形账户,并将各自的期末期初变动数过入各该账户。如果项目的期末数大于期初数,则将差额过入和项目余额相同的方向;反之,过入相反的方向。

第二步,开设一个大的"现金及现金等价物"T形账户,每边分为经营活动、投资活动和筹资活动三个部分,左边记现金流入,右边记现金流出。与其他账户一样,过入期末期初变动数。

第三步,以利润表项目为基础,结合资产负债表分析每一个非现金项目的增减变动,并据此编制调整分录。

第四步,将调整分录过入各T形账户,并进行核对,该账户借贷相抵后的余额与原先过入的期末期初变动数应当一致。

第五步，根据大的"现金及现金等价物"T形账户编制正式的现金流量表。

3）分析填列法。分析填列法是直接根据资产负债表、利润表和有关会计科目明细账的记录，分析计算出现金流量表各项目的金额，并据以编制现金流量表的一种方法。

2. 现金流量表项目的填列说明

（1）经营活动产生的现金流量。经营活动是指企业投资活动和筹资活动以外的所有交易和事项。各类企业由于行业特点不同，对经营活动的认定存在一定差异。对于工商企业而言，经营活动主要包括销售商品、提供劳务、购买商品、接受劳务、支付职工薪酬、支付税费等。对于商业银行而言，经营活动主要包括吸收存款、发放贷款、同业存放、同业拆借等。对于保险公司而言，经营活动主要包括原保险业务和再保险业务等。对于证券公司而言，经营活动主要包括自营证券、代理承销证券、代理兑付证券、代理买卖证券等。

在我国，企业经营活动产生的现金流量应当采用直接法填列。直接法是指通过现金收入和现金支出的主要类别列示经营活动现金流量的方法。

（2）投资活动产生的现金流量。投资活动是指企业长期资产的购建和不包括在现金等价物范围内的投资及其处置活动。长期资产是指固定资产、无形资产、在建工程、其他资产等持有期限在一年或一个营业周期以上的资产。这里所讲的投资活动，既包括实物资产投资，也包括金融资产投资。这里之所以将"包括在现金等价物范围内的投资"排除在外，是因为已经将包括在现金等价物范围内的投资视同现金。不同企业由于行业特点不同，对投资活动的认定也存在差异。例如，交易性金融资产所产生的现金流量，对于工商企业而言，属于投资活动现金流量，而对于证券公司而言，属于经营活动现金流量。

（3）筹资活动产生的现金流量。筹资活动是指导致企业资本及债务规模和构成发生变化的活动。这里所说的资本，既包括实收资本（股本），也包括资本溢价（股本溢价）；这里所说的债务，是指对外举债，包括向银行借款、发行债券以及偿还债务等。通常情况下，应付账款、应付票据等商业应付款等属于经营活动，不属于筹资活动。

此外，对于企业日常活动之外的、不经常发生的特殊项目，如自然灾害损失、保险赔款、捐赠等，应当归并到相关类别中，并单独反映。比如，对于自然灾害损失和保险赔款，如果能够确定属于流动资产损失，应当列入经营活动产生的现金流量；属于固定资产损失，应当列入投资活动产生的现金流量。

（4）汇率变动对现金及现金等价物的影响。编制现金流量表时，应当将企业外币现金流量以及境外子公司的现金流量折算成记账本位币。外币现金流量以及境外子公司的现金流量，应当采用现金流量发生日的即期汇率或按照系统合理的方法确定的、与现金流量发生日即期汇率近似的汇率折算。汇率变动对现金的影响应当作为调节项目，在现金流量表中单独列报。

汇率变动对现金的影响，指企业外币现金流量及境外子公司的现金流量折算成记账本位币时，所采用的是现金流量发生日的即期汇率或按照系统合理的方法确定的、与现金流量发生日即期汇率近似的汇率，而现金流量表"现金及现金等价物净增加额"项目中外币现金净增加额是按资产负债表日的即期汇率折算的。这两者的差额即为汇率变动对现金的影响。

在编制现金流量表时，对当期发生的外币业务，也可不必逐笔计算汇率变动对现金的影响，可以通过现金流量表补充资料中"现金及现金等价物净增加额"与现金流量表中"经营活动产生的现金流量净额""投资活动产生的现金流量净额""筹资活动产生的现金流量净额"三项之和比较，其差额即为"汇率变动对现金及现金等价物的影响"。

（5）现金流量表补充资料。除现金流量表反映的信息外，企业还应在附注中披露将净利润调节为经营活动现金流量、不涉及现金收支的重大投资和筹资活动、现金及现金等价物净变动情况等信息。具体格式见表 1-25。

表 1-25　现金流量表补充资料

补充资料	本期金额	上期金额
1.将净利润调节为经营活动现金流量：		
净利润		
加：资产减值准备		
固定资产折旧、油气资产折耗、生产性生物资产折旧		
无形资产摊销		
长期待摊费用		
处置固定资产、无形资产和其他长期资产的损失（收益以"-"号填列）		
固定资产报废损失（收益以"-"号填列）		
公允价值变动损失（收益以"-"号填列）		
财务费用（收益以"-"号填列）		
投资损失（收益以"-"号填列）		
递延所得税资产减少（增加以"-"号填列）		
递延所得税负债增加（减少以"-"号填列）		
存货的减少（增加以"-"号填列）		

（续）

补充资料	本期金额	上期金额
经营性应收项目的减少（增加以"-"号填列）		
经营性应付项目的增加（减少以"-"号填列）		
其他		
经营活动产生的现金流量净额		
2. 不涉及现金收支的重大投资和筹资活动：		
债务转为资本		
一年内到期的可转换公司债券		
融资租入固定资产		
3. 现金及现金等价物净变动情况：		
现金的期末余额		
减：现金的期初余额		
加：现金等价物的期末余额		
减：现金等价物的期初余额		
现金及现金等价物净增加额		

1）将净利润调节为经营活动现金流量。现金流量表采用直接法反映经营活动产生的现金流量，同时，企业还应采用间接法反映经营活动产生的现金流量。间接法，是指以本期净利润为起点，通过调整不涉及现金的收入、费用、营业外收支以及经营性应收应付等项目的增减变动，调整不属于经营活动的现金收支项目，据此计算并列报经营活动产生的现金流量的方法。在我国，现金流量表补充资料应采用间接法反映经营活动产生的现金流量情况，以对现金流量表中采用直接法反映的经营活动现金流量进行核对和补充说明。

采用间接法列报经营活动产生的现金流量时，需要对四大类项目进行调整：①实际没有支付现金的费用；②实际没有收到现金的收益；③不属于经营活动的损益；④经营性应收应付项目的增减变动。

2）不涉及现金收支的重大投资和筹资活动。不涉及现金收支的重大投资和筹资活动，反映企业一定期间内影响资产或负债但不形成该期现金收支的所有投资和筹资活动的信息。这些投资和筹资活动虽然不涉及现金收支，但对以后各期的现金流量有重大影响，例如，企业融资租入设备，将形成的负债记入"长期应付款"账户，当期并不支付设备款及租金，但以后各期必须为此支付现金，从而在一定期间内形成了一项固定的现金支出。

企业应当在附注中披露不涉及当期现金收支但影响企业财务状况或在未来可能影响企业现金流量的重大投资和筹资活动，主要包括：①债务转为资本，反映企业本期转为资本的债务金额；②一年内到期的可转换公司债券，反映企业一年内到期的可转换公司债券的本息；③融资租入固定资产，反映企业本期融资租入的固定资产。

3）现金及现金等价物的构成。企业应当在附注中披露与现金及现金等价物有关的下列信息：①现金及现金等价物的构成及其在资产负债表中的相应金额。②企业持有但不能由母公司或集团内其他子公司使用的大额现金及现金等价物金额。企业持有现金及现金等价物余额但不能被集团使用的情形多种多样，例如，国外经营的子公司，由于受当地外汇管制或其他立法的限制，其持有的现金及现金等价物，不能由母公司或其他子公司正常使用。

（七）所有者权益变动表

1. 所有者权益变动表概述

所有者权益变动表是指反映构成所有者权益各组成部分当期增减变动情况的报表。

所有者权益变动表既可以为财务报表使用者提供所有者权益总量增减变动的信息，也能为其提供所有者权益增减变动的结构性信息，特别是能够让财务报表使用者理解所有者权益增减变动的根源。

2. 所有者权益变动表的结构

在所有者权益变动表上，企业至少应当单独列示反映下列信息的项目：

（1）综合收益总额。

（2）会计政策变更和差错更正的累积影响金额。

（3）所有者投入资本和向所有者分配利润等。

（4）提取的盈余公积。

（5）实收资本、其他权益工具、资本公积、盈余公积、未分配利润的期初和期末余额及其调节情况。

所有者权益变动表以矩阵的形式列示：一方面，列示导致所有者权益变动的交易或事项，即所有者权益变动的来源，对一定时期所有者权益的变动情况进行全面反映；另一方面，按照所有者权益各组成部分（即实收资本、其他权益工具、资本公积、库存股、其他综合收益、盈余公积、未分配利润）列示交易或事项对所有者权益各部分的影响。

我国企业所有者权益变动表的格式见表1-26。

项目一　财会知识

表 1-26　所有者权益变动表的格式

所有者权益变动表

编制单位：　　　　　　　　　　　　　　　　　　年度　　　　　　　　　　　　　　　　　　会企 04 表
单位：元

项目	本期金额									上年金额								
	实收资本（或股本）	其他权益工具			资本公积	减：库存股	其他综合收益	盈余公积	未分配利润	所有者权益合计	实收资本（或股本）	其他权益工具			资本公积	减：库存股	其他综合收益	盈余公积	未分配利润	所有者权益合计
		优先股	永续债	其他								优先股	永续债	其他						
一、上年年末余额																				
加：会计政策变更																				
前期差错更正																				
其他																				
二、本年年初余额																				
三、本年增减变动金额（减少以"-"号填列）																				
（一）综合收益总额																				
（二）所有者投入和减少资本																				
1. 所有者投入的普通股																				
2. 其他权益工具持有者投入资本																				
3. 股份支付计入所有者权益的金额																				
4. 其他																				
（三）利润分配																				

(续)

项目	本期金额									上年金额								
	实收资本（或股本）	其他权益工具			资本公积	减:库存股	其他综合收益	盈余公积	未分配利润	所有者权益合计	实收资本（或股本）	其他权益工具			资本公积	减:库存股	其他综合收益	盈余公积	未分配利润	所有者权益合计
		优先股	永续债	其他								优先股	永续债	其他						
1.提取盈余公积																				
2.对所有者（或股东）的分配																				
3.其他																				
(四)所有者权益内部结转																				
1.资本公积转增资本（或股本）																				
2.盈余公积转增资本（或股本）																				
3.盈余公积弥补亏损																				
4.设定受益计划变动额结转留存收益																				
5.其他综合收益结转留存收益																				
6.其他																				
四、本年年末余额																				

（八）所有者权益变动表的编制

1. 所有者权益变动表项目的填列方法

所有者权益变动表各项目均需填列"本年金额"和"上年金额"两栏。

所有者权益变动表"上年金额"栏内各项数字，应根据上年度所有者权益变动表"本年金额"栏内所列数字填列。上年度所有者权益变动表规定的各个项目的名称和内容同本年度不一致的，应对上年度所有者权益变动表各项目的名称和数字按照本年度的规定进行调整，填入所有者权益变动表的"上年金额"栏内。

所有者权益变动表"本年金额"栏内各项数字一般应根据"实收资本（或股本）""其他权益工具""资本公积""库存股""其他综合收益""盈余公积""利润分配""以前年度损益调整"科目的发生额分析填列。

企业的净利润及其分配情况作为所有者权益变动的组成部分，不需要单独编制利润分配表列示。

2. 所有者权益变动表主要项目说明

（1）"上年年末余额"项目，反映企业上年资产负债表中实收资本（或股本）、其他权益工具、资本公积、库存股、其他综合收益、盈余公积、未分配利润的年末余额。

（2）"会计政策变更""前期差错更正"项目，分别反映企业采用追溯调整法处理的会计政策变更的累积影响金额和采用追溯重述法处理的会计差错更正的累积影响金额。

（3）"本年增减变动金额"项目包括：

1）"综合收益总额"项目，反映净利润和其他综合收益扣除所得税影响后的净额相加后的合计金额。

2）"所有者投入和减少资本"项目，反映企业当年所有者投入的资本和减少的资本，主要有：①"所有者投入的普通股"项目，反映企业接受投资者投入形成的实收资本（或股本）和资本溢价或股本溢价；②"其他权益工具持有者投入资本"项目，反映企业接受其他权益工具持有者投入资本；③"股份支付计入所有者权益的金额"项目，反映企业处于等待期中的权益结算的股份支付当年计入资本公积的金额。

3）"利润分配"项目，反映企业当年的利润分配金额。

4）"所有者权益内部结转"项目，反映企业构成所有者权益的组成部分之间当年的增减变动情况，主要包括：①"资本公积转增资本（或股本）"项目，反映企业当年以资本公积转增资本或股本的金额；②"盈余公积转增资本（或股本）"项目，反映企业当年以盈余公积转增资本或股本的金额；③"盈余公积弥补亏损"项目，反映企业当年以盈余公积弥补亏损的金额；④"设定受益计划变动额结转留存收益"项目，反映企业因重新计量设定受益计划净负债或净资产所产生的变动计入其他综合收益，结转至留存收益的金额；⑤"其他综合收益结转留存收益"项目，主要反映：第一，企业指定为以公允价值计量且其变动计入其他综合收益的非交易性权益工具投资终止确认时，之前计入其他综合收益的累计利得或损失从其他综合收益中转入留存收益的金额；第二，企业指定为以公允价值计量且其变动计入当期损益的金融负债终止确认时，之前由企业自身信用风险变动引起而计入其他综合收益的累计利得或损失从其他综合收益中转入留存收益的金额等。

（九）附注

1. 附注概述

附注是对资产负债表、利润表、现金流量表和所有者权益变动表等报表中列示项目的文字描述或明细资料，以及对未能在这些报表中列示项目的说明等。附注主要起到两方面的作用：第一，附注的披露，是对资产负债表、利润表、现金流量表和所有者权益变动表列示项目含义的补充说明，以帮助财务报表使用者更准确地把握其含义。例如，通过阅读附注中披露的固定资产折旧政策的说明，使用者可以掌握报告企业与其他企业在固定资产折旧政策上的异同，以便进行更准确的比较。第二，附注提供了对资产负债表、利润表、现金流量表和所有者权益变动表中未列示项目的详细或明细说明。例如，通过阅读附注中披露的存货增减变动情况，财务报表使用者可以了解资产负债表中未单列的存货分类信息。

通过附注与资产负债表、利润表、现金流量表和所有者权益变动表列示项目的相互参照关系，以及对未能在财务报表中列示项目的说明，可以使财务报表使用者全面了解企业的财务状况、经营成果和现金流量以及所有者权益的情况。

2. 附注的主要内容

附注是财务报表的重要组成部分。根据企业会计准则的规定，企业应当按照如下顺序披露附注的内容：

（1）企业的基本情况主要包括以下内容：

1）企业注册地、组织形式和总部地址。

2）企业的业务性质和主要经营活动。

3）母公司以及集团最终母公司的名称。

4）财务报告的批准报出者和财务报告批准报出日。

5）营业期限有限的企业，还应当披露有关营业期限的信息。

（2）财务报表的编制基础。财务报表的编制基础是指财务报表是在持续经营基础上还是非持续经营基础上编制的。企业一般是在持续经营基础上编制财务报表，清算、破产属于非持续经营基础。

（3）遵循企业会计准则的声明。企业应当声明编制的财务报表符合企业会计准则的要求，真实、完整地反映了企业的财务状况、经营成果和现金流量等有关信息，以此明确企业编制财务报表所依据的制度基础。

（4）重要会计政策和会计估计。企业应当披露采用的重要会计政策和会计估计，不重要的会计政策和会计估计可以不披露。在披露重要会计政策和会计估计时，企业应当披露重要会计政策的确定依据和财务报表项目的计量基础以及会计估计中所采用的关键假设和不确定因素。

会计政策的确定依据，主要是指企业在运用会计政策过程中所做的对报表中确认的项目金额最具影响的判断，有助于财务报表使用者理解企业选择和运用会计政策的背景，增加财务报表的可理解性。财务报表项目的计量基础，是指企业计量该项目采用的是历史成本、重置成本、可变现净值、现值还是公允价值，这直接影响财务报表使用者对财务报表的理解和分析。

在确定财务报表中确认的资产和负债的账面价值过程中，企业有时需要对不确定的未来事项在资产负债表日对这些资产和负债的影响加以估计，如企业预计固定资产未来现金流量采用的折现率和假设。这类假设的变动对这些资产和负债项目金额的确定影响很大，有可能会在下一个会计年度内做出重大调整，因此，强调这一披露要求，有助于提高财务报表的可理解性。

（5）会计政策和会计估计变更以及差错更正的说明。企业应当按照会计政策、会计估计变更和差错更正会计准则的规定，披露会计政策和会计估计变更以及差错更正的有关情况。

（6）报表重要项目的说明。企业对报表重要项目的说明，应当按照资产负债表、利润表、现金流量表、所有者权益变动表及其项目列示的顺序，采用文字和数字描述相结合的方式进行披露。报表重要项目的明细金额合计应当与报表项目金额相衔接，主要包括以下重要项目：

1）应收款项。企业应当披露应收款项的账龄结构和客户类别以及期初、期末账面余额等信息。

2）存货。企业应当披露下列信息：①各类存货的期初和期末账面价值；②确定发出存货成本所采用的方法；③存货可变现净值的确定依据、存货跌价准备的计提方法、当期计提的存货跌价准备的金额、当期转回的存货跌价准备的金额以及计提和转回的有关情况；④用于担保的存货账面价值。

3）长期股权投资。企业应当披露下列信息：①对控制、共同控制、重大影响的判断；②对投资性主体的判断及主体身份的转换；③企业集团的构成情况；④重要的非全资子公司的相关信息；⑤对使用企业集团资产和清偿企业集团债务的重大限制；

⑥纳入合并财务报表范围的结构化主体的相关信息；⑦企业在其子公司的所有者权益份额发生变化的情况；⑧投资性主体的相关信息；⑨合营安排和联营企业的基础信息；⑩重要的合营企业和联营企业的主要财务信息；⑪不重要的合营企业和联营企业的汇总财务信息；⑫与企业在合营企业和联营企业中权益相关的风险信息；⑬未纳入合并财务报表范围的结构化主体的基础信息；⑭与权益相关资产负债的账面价值和最大损失敞口；⑮企业是结构化主体的发起人但在结构化主体中没有权益的情况；⑯向未纳入合并财务报表范围的结构化主体提供支持的情况；⑰未纳入合并财务报表范围结构化主体的额外信息披露。

4）投资性房地产。企业应当披露下列信息：①投资性房地产的种类、金额和计量模式；②采用成本模式的，应披露投资性房地产的折旧或摊销，以及减值准备的计提情况；③采用公允价值模式的，应披露公允价值的确定依据和方法，以及公允价值变动对损益的影响；④房地产转换情况、理由，以及对损益或所有者权益的影响；⑤当期处置的投资性房地产及其对损益的影响。

5）固定资产。企业应当披露下列信息：①固定资产的确认条件、分类、计量基础和折旧方法；②各类固定资产的使用寿命、预计净残值和折旧率；③各类固定资产的期初和期末原价、累计折旧额及固定资产减值准备累计金额；④当期确认的折旧费用；⑤对固定资产所有权的限制及金额和用于担保的固定资产账面价值；⑥准备处置的固定资产名称、账面价值、公允价值、预计处置费用和预计处置时间等。

6）无形资产。企业应当披露下列信息：①无形资产的期初和期末账面余额、累计摊销额及减值准备累计金额；②使用寿命有限的无形资产，其使用寿命的估计情况；使用寿命不确定的无形资产，其使用寿命不确定的判断依据；③无形资产的摊销方法；④用于担保的无形资产账面价值、当期摊销额等情况；⑤计入当期损益和确认为无形资产的研究开发支出金额。

7）职工薪酬。企业应当披露短期职工薪酬相关的下列信息：①应当支付给职工的工资、奖金、津贴和补贴，及其期末应付未付金额；②应当为职工缴纳的医疗保险费、工伤保险费和生育保险费等社会保险费，及其期末应付未付金额；③应当为职工缴存的住房公积金，及其期末应付未付金额；④为职工提供的非货币性福利，及其计算依据；⑤依据短期利润分享计划提供的职工薪酬金额及其计算依据；⑥其他短期薪酬。

企业应当披露所设立或参与的设定提存计划的性质，计算缴费金额的公式或依据，当期缴费金额以及应付未付金额。

企业应当披露与设定受益计划有关的下列信息：设定受益计划的特征及与之相关的风险；设定受益计划在财务报表中确认的金额及其变动；设定受益计划对企业未来现金流量金额、时间和不确定性的影响；设定受益计划义务现值所依赖的重大精算假设及有关敏感性分析的结果。

企业应当披露支付的因解除劳动关系所提供辞退福利及其期末应付未付金额。

企业应当披露提供的其他长期职工福利的性质、金额及其计算依据。

8）应交税费。企业应当披露应交税费的构成及期初、期末账面余额等信息。

9）短期借款和长期借款。企业应当披露短期借款、长期借款的构成及期初、期末账面余额等信息。对于期末逾期借款，应披露贷款单位、借款金额、逾期时间、年利率、逾期未偿还原因和预期还款期等信息。

10）应付债券。企业应当披露应付债券的构成及期初、期末账面余额等信息。

11）长期应付款。企业应当披露长期应付款的构成及期初、期末账面余额等信息。

12）营业收入。企业应当披露营业收入的构成及本期、上期发生额等信息。

13）公允价值变动收益。企业应当披露公允价值变动收益的来源及本期、上期发生额等信息。

14）投资收益。企业应当披露投资收益的来源及本期、上期发生额等信息。

15）资产减值损失。企业应当披露各项资产的减值损失及本期、上期发生额等信息。

16）营业外收入。企业应当披露营业外收入的构成及本期、上期发生额等信息。

17）营业外支出。企业应当披露营业外支出的构成及本期、上期发生额等信息。

18）所得税费用。企业应当披露下列信息：①所得税费用（收益）的主要组成部分；②所得税费用（收益）与会计利润关系的说明。

19）其他综合收益。企业应当披露下列信息：①其他综合收益各项目及其所得税影响；②其他综合收益各项目原计入其他综合收益、当期转出计入当期损益的金额；③其他综合收益各项目的期初和期末余额及其调节情况。

20）政府补助。企业应当披露下列信息：①政府补助的种类、金额和列报项目；②计入当期损益的政府补助金额；③本期退回的政府补助金额及原因。

21）借款费用。企业应当披露下列信息：①当期资本化的借款费用金额；②当期用于计算确定借款费用资本化金额的资本化率。

（7）或有和承诺事项、资产负债表日后非调整事项、关联方关系及其交易等需要说明的事项。

（8）有助于财务报表使用者评价企业管理资本的目标、政策及程序的信息。

【例1-18】判断题

企业编制财务报表的时候如果没有需要可以不编制报表附注。　　　　　（　　）

【答案】×

【解析】本题考核会计报表附注。附注是财务报表不可或缺的组成部分，是对资产负债表、利润表、现金流量表和所有者权益变动表等报表中列示项目的文字描述或明细资料，以及对未能在这些报表中列示项目的说明等。

【任务实施】

（1）完成代理记账师岗位基础与认知（CMAC 四级）配套章节练习。

（2）完成代理记账师岗位基础与认知（CMAC 四级）平台任务（参考 CMAC 试题操作指南）。

任务三 会计档案管理

【任务描述】

（1）了解会计档案的概念和范围；

（2）了解会计档案的管理。

【知识储备】

会计档案是记录和反映经济业务事项的重要资料和证据。《中华人民共和国会计法》（以下简称《会计法》）和《会计基础工作规范》对会计档案管理做出了原则性规定；财政部、国家档案局于 1984 年 6 月 1 日发布，1998 年 8 月 21 日修订，2015 年 12 月 11 日第二次修订，自 2016 年 1 月 1 日起施行的《会计档案管理办法》，对会计档案管理的有关内容做出了具体规定。单位应当加强会计档案管理工作，建立和完善会计档案的收集、整理、保管、利用和鉴定销毁等管理制度，采取可靠的安全防护技术和措施，保证会计档案的真实、完整、可用、安全。

一、会计档案

（一）会计档案的概念

会计档案是国家档案的重要组成部分，也是各单位的重要档案，它是对一个单位经济活动的记录和反映，通过会计档案，可以了解每项经济业务的来龙去脉；可以检查一个单位是否遵守财经纪律，在会计资料中有无弄虚作假、违法乱纪等行为；会计档案还可以为国家、单位提供详尽的经济资料，为国家制定宏观经济政策及单位制定经营决策提供参考。

会计档案是指单位在进行会计核算等过程中接收或形成的，记录和反映单位经济业务事项的，具有保存价值的文字、图表等各种形式的会计资料，包括通过计算机等电子设备形成、传输和存储的电子会计档案。各单位的预算、计划、制度等文件材料属于文书档案，不属于会计档案。

（二）会计档案的归档

1. 会计档案的归档范围

下列会计资料应当进行归档：

（1）会计凭证类：原始凭证、记账凭证、汇总凭证、其他会计凭证。

（2）会计账簿类：总账、明细账、日记账、固定资产卡片账、辅助账簿、其他会计账簿。

（3）财务报告类：月度、季度、半年度、年度财务报告，包括会计报表、附表、附注及文字说明，其他财务报告。

（4）其他会计资料类：银行存款余额调节表、银行对账单、纳税申报表、会计档案移交清册、会计档案保管清册、会计档案销毁清册、会计档案鉴定意见书及其他具有保存价值的会计资料。

2. 会计档案的归档要求

（1）同时满足下列条件的，单位内部形成的属于归档范围的电子会计资料可仅以电子形式保存，形成电子会计档案：

1）形成的电子会计资料来源真实有效，由计算机等电子设备形成和传输。

2）使用的会计核算系统能够准确、完整、有效接收和读取电子会计资料，能够输出符合国家标准归档格式的会计凭证、会计账簿、财务会计报表等会计资料，设定了经办、审核、审批等必要的审签程序。

3）使用的电子档案管理系统能够有效接收、管理、利用电子会计档案，符合电子档案的长期保管要求，并建立了电子会计档案与相关联的其他纸质会计档案的检索关系。

4）采取有效措施，防止电子会计档案被篡改。

5）建立电子会计档案备份制度，能够有效防范自然灾害、意外事故和人为破坏的影响。

6）形成的电子会计资料不属于具有长久保存价值或者其他重要保存价值的会计档案。满足上述条件，单位从外部接收的电子会计资料附有符合《中华人民共和国电子签名法》规定的电子签名的，可仅以电子形式归档保存，形成电子会计档案。

（2）单位的会计机构或会计人员所属机构（以下统称单位会计管理机构）按照归档范围和归档要求，负责定期将应当归档的会计资料整理立卷，编制会计档案保管清册。

（3）当年形成的会计档案，在会计年度终了后，可由单位会计管理机构临时保管一年，再移交单位档案管理机构保管。因工作需要确需推迟移交的，应当经单位档案管理机构同意。单位会计管理机构临时保管会计档案最长不超过 3 年。临时保管期间，会计档案的保管应当符合国家档案管理的有关规定，且出纳人员不得兼管会计档案。

（三）会计档案的移交和利用

1. 会计档案的移交

单位会计管理机构在办理会计档案移交时，应当编制会计档案移交清册，并按照国家档案管理的有关规定办理移交手续。

纸质会计档案移交时应当保持原卷的封装。电子会计档案移交时应当将电子会计档案及其元数据一并移交，且文件格式应当符合国家档案管理的有关规定。特殊格式的电子会计档案应当与其读取平台一并移交。

单位档案管理机构接收电子会计档案时，应当对电子会计档案的准确性、完整性、可用性、安全性进行检测，符合要求的才能接收。

2. 会计档案的利用

单位应当严格按照相关制度利用会计档案，在进行会计档案查阅、复制、借出时履行登记手续，严禁篡改和损坏。

单位保存的会计档案一般不得对外借出。确因工作需要且根据国家有关规定必须借出的，应当严格按照规定办理相关手续。会计档案借用单位应当妥善保管和利用借入的会计档案，确保借入会计档案的安全完整，并在规定时间内归还。

【例 1-19】多选题

下列资料中，属于会计凭证类会计档案的是（　　）。

A. 原始凭证　　　B. 辅助账簿　　　C. 汇总凭证　　　D. 记账凭证

【答案】ACD

【解析】本题考察学员"会计档案"知识点的掌握情况。选项 B 属于会计账簿。

【例 1-20】 单选题

单位之间会计档案交接完毕后，交接双方的（　　）应当在会计档案移交清册上签名或者盖章。

A. 经办人　　　B. 监交人　　　C. 会计机构负责人　　　D. 经办人和监督人

【答案】D

【解析】交接完毕后，交接双方经办人和监督人应当在会计档案移交清册上签名或盖章。

二、会计档案的管理

（一）会计档案管理概述

为了加强会计档案管理，保证会计档案的安全、完整、及时，根据《会计法》和《中华人民共和国档案法》的规定，财政部、国家档案局公布实施了《会计档案管理办法》。

（二）会计档案管理部门

（1）单位档案主管部门和财务部门共同负责会计档案工作的指导、监督和检查。会计档案的具体管理工作由财务部门负责，由财务部门指定专人负责在专门地点保管。保管地点应具备完善的防潮、防霉、防蛀、防火、防盗等条件。

（2）财务部门必须建立会计档案的立卷、归档、保管、查阅和销毁等管理制度，保证会计档案妥善保管、有序存放、方便查阅、严防毁损、散失和泄密。

（三）会计档案的整理

会计年度终了后，应将装订成册的会计档案进行整理立卷。各种会计档案应按会计档案材料的关联性，分门别类地组成几个类型的案卷，将各卷按顺序编号。

1. 会计凭证

（1）按月立卷：每月末将装订成册的凭证，统一登记案卷目录，每月立卷一份。

（2）分散装订：根据凭证的多少，分散装订，做到整齐、牢固、美观。

（3）装订封面的所有内容要填写齐全，包括：单位名称、年度、月份、起止日期、号码、装订人签章等。

2. 会计账簿

各种会计账簿办理完年度结账后，除跨年使用的账簿外，其他均需整理妥善保管。

（1）会计账簿在办理完年度结账后，只在下一行的摘要栏填写"结转下年"字样，不填其他内容。

（2）会计账簿在装订前，应按账簿启用表的使用页数，核对各个账户账面是否齐全，是否按顺序排列。

（3）活页账簿去空白页后，将本账簿面数项填写齐全，撤去账尺，用坚固耐磨的纸张做封面、封底，装订成册。不同规格的活页账不得装订在一起。

（4）会计账簿的装订顺序：会计账簿装订封面→账簿启用表→账户目录→按本账簿页数顺序装订账页→会计账簿装订封底。

（5）装订后的会计账簿应牢固、平整，不得有折角、掉页现象。

（6）账簿装订的封口处，应加盖装订人印章。

（7）装订后，会计账簿的脊背应平整，并注明所属年度及账簿名称和编号。

（8）会计账簿的编号为一年一编，编号顺序为总账、现金日记账、银行存（借）款日记账、分户明细账、辅助账。

3. 会计报表

会计报表编制完成并按时报送后，留存报表均应按月装订成册，年度终了统一归档保管。

（四）会计档案的归档保管

（1）当年的会计档案在会计年度终了后，可暂由财务部门保管一年，期满后存入档案并由专人保管。

（2）会计档案管理人员负责全部会计档案的整理、立卷、保管、调阅、销毁等一系列工作。

（3）机构变动或档案管理人员调动时，应办理交接手续，由原管理人员编制会计档案移交清册，将全部案卷逐一点交，接管人员逐一接收。

（五）会计档案的借阅使用

（1）财务部建立会计档案清册和借阅登记清册。

（2）凡需借会计档案人员，须经财务负责人或单位领导批准后，方可办理调阅手续。

（3）借阅会计档案人员，不得在案卷中标画，不得拆散原卷册，更不得抽换。

（4）借阅会计档案人员，不得将会计档案携带出外，特殊情况，须经单位领导批准；需要复制会计档案的，须经财务负责人或单位领导批准后方可复制。

（六）会计档案的保管期限

会计档案的保管期限分为永久、定期两类。会计档案的保管期限是从会计年度终了后的第一天算起。永久，是指会计档案须永久保存；定期，是指会计档案保存应达到法定的时间，定期保管期限一般分为10年和30年。《会计档案管理办法》规定的会计档案保管期限为最低保管期限。《会计档案管理办法》规定的保管期限分别见表1-27和表1-28。

表1-27 企业和其他组织会计档案保管期限表

序　号	档案名称	保管期限	备　注
一	会计凭证		
1	原始凭证	30年	
2	记账凭证	30年	
二	会计账簿		
3	总账	30年	
4	明细账	30年	
5	日记账	30年	
6	固定资产卡片		固定资产报废清理后保管5年
7	其他辅助性账簿	30年	
三	财务会计报告		
8	月度、季度、半年度财务会计报告	10年	
9	年度财务会计报告	永久	
四	其他会计资料		
10	银行存款余额调节表	10年	
11	银行对账单	10年	
12	纳税申请表	10年	
13	会计档案移交清册	30年	
14	会计档案保管清册	永久	
15	会计档案销毁清册	永久	
16	会计档案鉴定意见书	永久	

表 1-28 财政总预算、行政单位、事业单位和税收会计档案保管期限表

序号	档案名称	保管期限			备 注
		财政总预算	行政单位 事业单位	税收会计	
一	会计凭证				
1	国家金库编送的各种报表及缴库退库凭证	10 年		10 年	
2	各收入机关编送的报表	10 年			
3	行政单位和事业单位的各种会计凭证		30 年		包括：原始凭证、记账凭证和传票汇总表
4	财政总预算拨款凭证和其他会计凭证	30 年			包括：拨款凭证和其他会计凭证
二	会计账簿				
5	日记账		30 年	30 年	
6	总账	30 年	30 年	30 年	
7	税收日记账（总账）			30 年	
8	明细分类、分户账或登记簿	30 年	30 年	30 年	
9	行政单位和事业单位固定资产卡片				固定资产报废清理后保管 5 年
三	财务会计报告				
10	政府综合财务报告	永久			下级财政、本级部门和单位报送的保管 2 年
11	部门财务报告		永久		所属单位报送的保管 2 年
12	财政总决算	永久			下级财政、本级部门和单位报送的保管 2 年
13	部门决算		永久		所属单位报送的保管 2 年
14	税收年报（决算）			永久	
15	国家金库年报（决算）	10 年			
16	基本建设拨、贷款年报（决算）	10 年			
17	行政单位和事业单位会计月、季度报表		10 年		所属单位报送的保管 2 年

（续）

序号	档案名称	保管期限			备注
		财政总预算	行政单位事业单位	税收会计	
18	税收会计报表			10年	所属税务机关报送的保管2年
四	其他会计资料				
19	银行存款余额调节表	10年	10年		
20	银行对账单	10年	10年	10年	
21	会计档案移交清册	30年	30年	30年	
22	会计档案保管清册	永久	永久	永久	
23	会计档案销毁清册	永久	永久	永久	
24	会计档案鉴定意见书	永久	永久	永久	

（七）会计档案的鉴定和销毁

1. 会计档案的鉴定

单位应当定期对已到保管期限的会计档案进行鉴定，并形成会计档案鉴定意见书。经鉴定，仍需继续保存的会计档案，应当重新划定保管期限；对保管期满、确无保存价值的会计档案，可以销毁。会计档案鉴定工作应当由单位档案管理机构牵头，组织单位会计、审计、纪检监察等机构或人员共同进行。

2. 会计档案的销毁

经鉴定可以销毁的会计档案，销毁的基本程序和要求是：

（1）单位档案管理机构编制会计档案销毁清册，列明拟销毁会计档案的名称、卷号、册数、起止年度、档案编号、应保管期限、已保管期限和销毁时间等内容。

（2）单位负责人、档案管理机构负责人、会计管理机构负责人、档案管理机构经办人、会计管理机构经办人在会计档案销毁清册上签署意见。

（3）单位档案管理机构负责组织会计档案销毁工作，并与会计管理机构共同派员监销。监销人在会计档案销毁前应当按照会计档案销毁清册所列内容进行清点核对；在会计档案销毁后，应当在会计档案销毁清册上签名或盖章。

电子会计档案的销毁还应当符合国家有关电子档案的规定，并由单位档案管理机构、会计管理机构和信息系统管理机构共同派员监销。

3. 不得销毁的会计档案

保管期满但未结清的债权债务原始凭证和涉及其他未了事项的会计凭证不得销毁，纸质会计档案应当单独抽出立卷，电子会计档案单独转存，保管到未了事项完结时为止。单独抽出立卷或转存的会计档案，应当在会计档案鉴定意见书、会计档案销毁清册和会计档案保管清册中列明。

（八）特殊情况下的会计档案处置

1. 单位分立情况下的会计档案处置

单位分立后原单位存续的，其会计档案应当由分立后的存续方统一保管，其他方可以查阅、复制与其业务相关的会计档案。单位分立后原单位解散的，其会计档案应当经各方协商后由其中一方代管或按照国家档案管理的有关规定处置，各方可以查阅、复制与其业务相关的会计档案。

单位分立中未结清的会计事项所涉及的会计凭证，应当单独抽出由业务相关方保存，并按照规定办理交接手续。

单位因业务移交其他单位办理所涉及的会计档案，应当由原单位保管，承接业务单位可以查阅、复制与其业务相关的会计档案。对其中未结清的会计事项所涉及的会计凭证，应当单独抽出由承接业务单位保存，并按照规定办理交接手续。

2. 单位合并情况下的会计档案处置

单位合并后原各单位解散或者一方存续其他方解散的，原各单位的会计档案应当由合并后的单位统一保管。单位合并后原各单位仍存续的，其会计档案仍应当由原各单位保管。

3. 建设单位项目建设会计档案的交接

建设单位在项目建设期间形成的会计档案，需要移交给建设项目接受单位的，应当在办理竣工财务决算后及时移交，并按照规定办理交接手续。

4. 单位之间交接会计档案的手续

单位之间交接会计档案时，交接双方应当办理会计档案交接手续。移交会计档案的单位，应当编制会计档案移交清册，列明应当移交的会计档案名称、卷号、册数、起止年度、档案编号、应保管期限和已保管期限等内容。交接会计档案时，交接双方应当按照会计档案移交清册所列内容逐项交接，并由交接双方的单位有关负责人负责监督。交接完毕后，交接双方经办人和监督人应当在会计档案移交清册上签名或盖章。电子会计档案应当与其元数据一并移交，特殊格式的电子会计档案应当与其读取平台一并移交。档案接受单位应当对保存电子会计档案的载体及其技术环境进行检验，确保所接收电子会计档案的准确、完整、可用和安全。

【例 1-21】 判断题

会计档案在保管期满后要按有关规定销毁，对于保管期满但未结清的债权债务以及涉及其他未了事项的原始凭证不得销毁，应单独抽出，另行立卷，由档案部门保管到未了事项完结时为止。（ ）

【答案】√

【例 1-22】 多选题

下列会计档案中，最低保管期限为 30 年的有（ ）。

A. 银行存款余额调节表　　B. 总账

C. 会计档案保管清册　　　D. 原始凭证

【答案】BD。

【解析】根据会计档案管理有关规定，银行存款余额调节表最低保管期限为 10 年，会计档案保管清册保管期限为永久。

【例 1-23】 判断题

会计档案的保管期限分为 3 年、10 年、25 年。（ ）

【答案】×

【解析】会计档案的保管期限分为永久、定期两类。定期保管期限一般分为 10 年和 30 年。

【例 1-24】 多选题

下列情况下，不得销毁会计档案的有（ ）。

A. 已正常保管 35 年的原始凭证

B. 正在项目建设期间的建设单位，其保管期已满的会计档案

C. 未结清债权债务的原始凭证

D. 涉及未了事项的原始凭证

【答案】BCD

【解析】选项 A，原始凭证保管期限为 30 年；选项 BCD，保管期满但未结清的债权债务会计凭证和涉及其他未了事项的会计凭证不得销毁。另外，正在项目建设期间的建设单位，其保管期满的会计档案也不得销毁。

【任务实施】

（1）完成代理记账师岗位基础与认知（CMAC 四级）配套章节练习。

（2）完成代理记账师岗位基础与认知（CMAC 四级）平台任务（参考 CMAC 试题操作指南）。

【知识扩展】

会计凭证工作大全

对于会计凭证，大家再熟悉不过了。今天给大家分享一下关于会计凭证的各种知识、教科书上看不到的会计凭证填制实战技巧，以及会计人员的其他规范事项。大家一定要认真学习：

一、会计凭证的装订方法

（一）装订要求

（1）整齐、美观、牢固。凭证厚度一般为1.5厘米，最多不超过3厘米，如果本月凭证过多，可装订为多本。

（2）银行对账单、银行存款余额调节表不是原始凭证，但却是重要的会计资料，要单独装订保存。

（3）凭证中不能有大头针、回形针、订书钉等金属物。

（4）写好凭证封面、单位名称、年度、月份、凭证种类（收付转）、起始日期、起始号数。

（5）线绳结要打在凭证背面。

会计凭证封面样式如图1-3所示。

	册数	本月共 册
	号	本册第 册

会 计 凭 证 封 面

自　年　月　日起至　月　日止

记账凭证种类	凭 单 起 讫 号 数	附原始凭证张数
收 款 凭 证	共　　张自第　　号至第　　号	共　　张
付 款 凭 证	共　　张自第　　号至第　　号	共　　张
转 账 凭 证	共　　张自第　　号至第　　号	共　　张
记 账 凭 证	共　　张自第　　号至第　　号	共　　张
备　　　注		

20　年　月　日装订

会计主管人员　　　　　复核　　　　　装订员

图1-3　会计凭证封面

（二）装订方法

（1）左侧打孔装订，我国东北地区多用此法：在距左侧边缘1.5厘米处均匀打两个孔或3个孔，穿好线绳，在背面打结系紧后，剪掉多余绳头，用胶水粘好封皮，如图1-4所示。

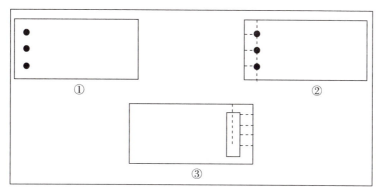

图1-4　左侧打孔法装订流程图

采用左侧打孔法装订完成的账簿如图1-5所示。

图1-5　采用左侧打孔法装订完成的账簿

（2）左上角打孔装订，我国南方地区多用此法：在距左侧边缘和上边缘1.5厘米处各打1个孔，然后按图1-6所示穿线装订。

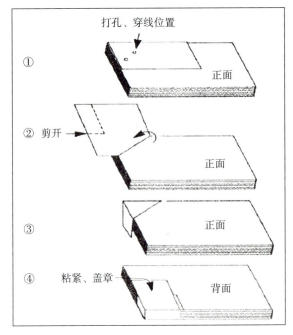

图1-6 左上角打孔法装订流程图

采用左上角打孔法装订完成的账簿如图1-7所示。

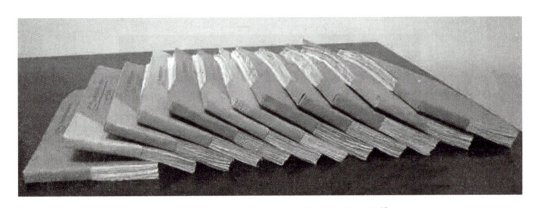

图1-7 采用左上角打孔法装订完成的账簿

二、会计凭证的填制标准

(一)填表注意事项

(1)摘要根据实际情况该详细的详细,该模糊的模糊。

(2)某些凭证应从中间科目过账,以便查账、统计。如现款销售,也从"应收账款"过一下;发放工资或福利,通过"应付职工薪酬"过一下。

(3)错误凭证调整或冲销应在原始凭证备注说明。

（4）替票问题的处理。

（5）凭证附件的张数如何计算。

记账凭证附件张数计算的原则：没有经过汇总的原始凭证，按自然张数计算；经过汇总的原始凭证，每一张汇总单或汇总表算一张，因为原始凭证张数已在汇总单的"所附原始凭证张数"栏内做了登记。

（二）原始凭证丢失的处理方法

从外单位取得的原始凭证如有遗失，应当取得原开具单位盖有公章的证明，并注明原来凭证的号码、金额和内容等，由经办单位会计机构负责人、会计主管人员和单位领导人批准后，才能代作原始凭证。如果确实无法取得证明的，如火车、轮船、飞机票等凭证，由当事人写出详细情况，由经办单位会计机构负责人、会计主管人员和单位领导人批准后，代作原始凭证。

（三）票据审核后的处理

视情况而定，有退回、报销、作废三种情况：

1）退回：单据不齐（应附而未付）、签字不全的，退回报销人补充完善。

2）报销：完全符合要求则直接报销；如果单据齐全，签字齐备，只是个别票据不能报销，则不能直接涂改报销金额，也不应退回报销人重新填报、重新走签字流程，而应在报销单上写"核报金额××元"后报销。

3）作废：如果报销人弄虚作假，经核实后，则直接作废，不予报销。

（四）几个单位共担电费和物业代收电费的处理

公司与其他企业、个人共用水电的，可凭租赁合同、共用水电各方盖章（或签字）确认的水电分割单、水电供应部门开具的水电发票的复印件、付款单据等入账。

水电费由物业公司代收且无法单独取得发票的，凭物业公司出具的水电费使用记录证明，水电供应部门开具的水电发票的复印件、付款单据等入账。

否则，在所得税汇算清缴时，税务不会允许税前扣除。

项目二

工商登记管理

任务一 工商登记

【任务描述】
(1) 了解工商登记的主要内容;
(2) 了解工商登记的办理流程。

【知识储备】

一、工商登记概述

工商登记是政府在对申请人进入市场的条件进行审查的基础上,通过注册登记确认申请者从事市场经营活动的资格,使其获得实际营业权的各项活动的总称。

二、工商登记的办理流程

1. 核名
所需材料包括:全体投资人的身份证或营业执照复印件。
2. 提交资料
需提交的资料包括:

（1）由公司董事长或执行董事签署的《公司设立登记申请书》。

（2）公司申请登记的委托书。

（3）股东会决议。

（4）董事会决议。

（5）监事会决议。

（6）公司章程。

（7）股东或者发起人的法人资格证明或自然人身份证明。

（8）董事、监事、经理、董事长或者董事的任职证明。

（9）董事、监事、经理的身份证复印件。

（10）验资报告。

（11）住所使用证明（租房协议、产权证）。

（12）公司的经营范围中，属于法律法规规定必须报经审批的项目，需提交部门的批准文件。

3. 验资

4. 报工商局审批

5. 核发营业执照

6. 办理税务登记证

办理税务登记证的流程如下：

（1）申请人提出登记申请，并提供营业执照和有关证件。

（2）领取税务登记表，并如实填写有关内容。

（3）报送税务登记表。

（4）税务机关审查税务登记表及有关文件和证件。

（5）案头核审。

（6）税务机关负责人审批。

（7）税务登记人员打印税务登记证。

（8）申请人领取税务登记证。

7. 附送材料

（1）《企业法人营业执照》原件、复印件各一份。

（2）《验资报告》原件、复印件各一份。

（3）企业章程或协议书或可行性研究报告或合同书原件、复印件各一份。

（4）法定代表人、财务负责人和办税人员的身份证原件、复印件各一份。

（5）经营地的房屋产权证明或租赁合同原件、复印件各一份。

【任务实施】

（1）完成代理记账师岗位基础与认知（CMAC四级）配套章节练习。

（2）完成代理记账师岗位基础与认知（CMAC四级）平台任务（参考CMAC试题操作指南）。

任务二　企业登记的原则与"多证合一"政策

【任务描述】

（1）了解企业登记的原则；

（2）了解"多证合一"政策。

【知识储备】

一、企业登记原则

企业登记原则是指登记机关在实施登记管理行政许可的过程中，与相对人均应遵循的行为准则。企业登记原则分为以下八项：

（一）意思自治原则

意思自治是指当事人依法享有自愿订立合同的权利，任何单位和个人不得非法干预。意思自治原则是确定合同准据法的最普遍的原则。在合法合规的前提下，登记机关对申请人的意思表示，一般不予干涉。我国目前实行有限的企业法人意思自治原则，即申请人的意思经登记机关核准，才形成事项或规范。

（二）管辖划分原则

管辖分为地域管辖、级别管辖、指定（特别）管辖。确定管辖划分原则保证了企业登记活动能够规范而有序地进行，同时也保证了后期监督管理活动能够准确到位、责任明确。地域管辖普遍适用于各类企业的登记。指定管辖指某类特定企业规定由某个或某几个登记机关登记，如期货经纪、电影制作企业归国家工商行政管理总局登记；

级别管辖介于前两类之间，既有地域性，又有特指性，如某些企业在省级工商局登记。

（三）申请受理原则

申请与受理是一个完整登记过程的两个相对独立的法律环节，互为依存，缺一不可。申请具有可选择性，不设立企业就不需要申请，没有申请，就不发生受理行为。受理是为了实现申请人的目标而设置的，它是启动登记程序的钥匙。

（四）书件承办原则

书件承办原则是指在登记注册过程中的书件，登记主管机关与申请人之间就登记注册事宜形成书面文字材料。书件是双方意思表示与沟通的载体，具有证据或证明的作用。现行的登记注册书件，可分为标准式书件和自由式书件两种。

（五）程序保障原则

登记注册程序是登记管理法律规范中程序法律体系的重要组成部分，它规定了主体权利义务产生的步骤和原则。就企业而言，遵守程序就意味着权利的获得；就登记主管机关而言，遵守程序就意味着合法行政行为的产生。

（六）事项审核原则

企业登记的内容表现在法律规范预先设定的登记事项上。登记事项是指将在登记过程中能够反映企业基本面貌的状态进行归纳而成的特定法律术语，如"法人名称""住所"等。登记事项不仅是企业基本状况的浓缩，也是法人条件的具体化。登记主管机关对企业申请的登记事项加以审核确认，予以核准后具有法律效力。

（七）事实证明原则

事实证明原则是指登记主管机关要求申请人保证登记条件真实性和合法性的操作原则。在申请登记过程中，申请人应主动举证，证明所申请事项的真实性。申请人的证明行为具有义务性、独立性、持续性、完整性、时效性等特点。证明的类型包括四种，即关于主体资格的；与登记事项有关的；前置性审批的；义务履行完毕的。

（八）登记公示原则

公示是指登记主管机关核准企业登记后将有关登记注册信息向社会大众予以披露的一项制度。狭义的公示仅指企业登记公告，广义的公示还应包括发放的执照以及登记资料的公开查询。公示的目的是扩大企业设立、变更、注销等法律事实的公开性和传播范围，利于社会大众提高经济交往中的判断能力，同时也利于提高登记主管机关执法的透明度。

二、多证合一

（一）多证合一的概念

"多证合一"是指证照整合改革，目的是实现企业"一照一码"走天下。2017年4月28日，国家工商行政管理总局表示，要求2017年10月底前，在全国全面推行"多证合一"。

（二）"多证合一"登记制度改革

为提升政府行政服务效率，降低市场主体创设的制度性交易成本，激发市场活力和社会创新力，自2015年10月1日起，登记制度改革在全国推行。随着国务院简政放权、放管结合、优化服务的"放管服"改革不断深化，登记制度改革从"三证合一"推进为"五证合一"，又进一步推进为"多证合一、一照一码"，即在全面实施企业、农民专业合作社工商营业执照、组织机构代码证、税务登记证、社会保险登记证、统计登记证"五证合一、一照一码"登记制度改革和个体工商户工商营业执照、税务登记证"两证整合"的基础上，将涉及企业、个体工商户和农民专业合作社（以下统称企业）的登记、备案等有关事项与各类证照进一步整合到营业执照上，实现"多证合一、一照一码"，使营业执照成为企业唯一的"身份证"，使统一社会信用代码成为企业唯一身份代码，实现企业"一照一码"走天下。

（三）"多证合一"要整合的证件

（1）企业、农民专业合作社工商营业执照。

（2）个体工商户工商营业执照。

（3）组织机构代码证。

（4）税务登记证。

（5）社会保险登记证。

（6）统计登记证。

（7）企业登记（包括个体工商户、农民专业合作社）、备案等有关事项和各类证照。

（四）"多证合一"后企业可以享受到的便利

1. 一次采集、一档管理

材料和数据都可以通过信息共享平台一次性提交，这些信息都在网络平台上进行核验，企业和个人无须再被要求重复提交信息和材料，所有信息和材料都由行政机关及相关机构部门自行核实。

2. 一套材料、一表登记、一窗受理

申请人办理企业注册登记时只需填写"一张表格"，向"一个窗口"提交"一套材料"。

登记部门直接核发加载统一社会信用代码的营业执照，相关信息在国家企业信用信息公示系统公示，并及时归集至全国信用信息共享平台。

企业不再另行办理"多证合一"涉及的被整合证照事项，相关部门通过信息共享满足管理需要。

已按照"五证合一"登记模式领取加载统一社会信用代码营业执照的企业，不需要重新申请办理"多证合一"登记，由登记机关将相关登记信息通过全国信用信息共享平台共享给被整合证照涉及的相关部门。

【任务实施】

（1）完成代理记账师岗位基础与认知（CMAC 四级）配套章节练习。

（2）完成代理记账师岗位基础与认知（CMAC 四级）平台任务（参考 CMAC 试题操作指南）。

任务三　工商行政管理机关及申请人的法律责任

【任务描述】

（1）了解工商行政管理机关的法律责任；

（2）了解申请人的法律责任。

【知识储备】

一、工商行政管理机关的主要法律责任

工商注册登记是工商行政管理机关（以下简称工商机关）根据公民、法人或者其他组织的申请，经依法审查，确定其主体资格的一种具体行政行为。工商注册登记这一法律功能，决定了工商机关依法实施登记行为时，不享有自由裁量权，其职责只是根据申请人的申请，对其申请登记的事项按照法律规定进行审查，申请人的申请符合法定条件、标准的，即应依法予以登记。

（一）工商机关需对申请人提交的申请资料进行形式审查

工商机关受理属于本机关职权范围的注册申请事项，对申请材料齐全、符合法定形式的，或者申请人按照本机关的要求提交全部补正申请材料的，应当受理，并依法做出准予注册登记的决定，向其颁发营业执照。

（二）工商机关不需对申请人提交的申请材料的实质内容进行审查

根据《中华人民共和国行政许可法》（以下简称《行政许可法》）的规定，工商机关对申请人提交的申请材料的实质内容进行核实，需根据法定条件和程序。由于在我国现行法律体系中，还没有一部专门的工商注册登记法，工商机关实施公司（含分公司）登记、非公司法人（含营业单位）登记、个体工商户登记、个人独资企业（含分支）登记、合伙企业（含分支）登记等注册登记行为分别依据的是《中华人民共和国公司法》《中华人民共和国公司登记管理条例》《中华人民共和国企业法人登记管理条例》《个体工商户条例》《中华人民共和国个人独资企业法》《中华人民共和国合伙企业法》及相关的实施办法、细则等。而上述法律法规均没有要求工商机关在受理注册登记申请时，需对申请人提交的申请材料的实质内容进行核实。

二、申请人的法律责任

申请人申请注册登记，应当如实向工商机关提交有关材料和反映真实情况。对工商机关而言，形式合法的申请资料即可依法推定为内容真实。申请人若故意隐瞒有关情况或者提供虚假材料申请注册登记，应承担以下法律后果：

（一）不能取得注册登记

申请人隐瞒有关情况或者提供虚假材料申请注册登记的，工商机关可不予受理或者不予注册登记，并给予警告。若申请人的申请事项属于直接关系公共安全、人身健康、生命财产安全事项的，申请人在一年内不得再次申请该注册登记。

（二）要承担相应的法律责任

申请人以欺骗等不正当手段取得注册登记的，做出注册登记决定的工商机关或者其上级机关，根据利害关系人的请求或者依据职权，可以撤销注册登记，并依法予以行政处罚，情节严重的，移送司法机关追究其刑事责任。

（1）申请人虚报注册资本、提交虚假材料或者采取其他欺诈手段隐瞒重要事实取得公司登记的，由公司登记机关责令改正，对虚报注册资本的公司，处以虚报注册资本金额5%以上15%以下的罚款；对提交虚假材料或者采取其他欺诈手段隐瞒重要事实的公司，处以5万元以上50万元以下的罚款；情节严重的，撤销公司登记或者吊销营业执照。虚报注册资本数额巨大、后果严重或者有其他严重情节的，移送司法机关追究其刑事责任。

（2）申请人隐瞒真实情况、弄虚作假取得企业法人注册登记的，除责令其提供真实情况外，视其具体情节，予以警告，没收非法所得，处以非法所得额3倍以下的罚款，但最高不得超过3万元，没有非法所得的，处以1万元以下的罚款。经审查不具备企业法人条件或者经营条件的，吊销营业执照。伪造证件骗取营业执照的，没收非法所得，处以非法所得额3倍以下的罚款，但最高不超过3万元，没有非法所得的，处以1万元以下的罚款，并吊销营业执照。

（3）申请人提交虚假文件或采取其他欺骗手段，取得个人独资企业登记的，由登记机关责令改正，处以5 000元以下的罚款；情节严重的，并处吊销营业执照。

（4）申请人提交虚假文件或者采取其他欺骗手段，取得合伙企业登记的，由企业登记机关责令改正，处5 000元以上5万元以下的罚款；情节严重的，撤销企业登记，并处5万元以上20万元以下的罚款。

（5）申请人以欺骗、贿赂等不正当手段取得个体工商户登记的，登记机关应当予以撤销。

（6）申请人伪造公司、企业、事业单位、人民团体的印章的，伪造、变造国家机关的公文、证件、印章的，伪造、变造居民身份证的，可直接移送司法机关追究其刑事责任。

【任务实施】

（1）完成代理记账师岗位基础与认知（CMAC 四级）配套章节练习。

（2）完成代理记账师岗位基础与认知（CMAC 四级）平台任务（参考 CMAC 试题操作指南）。

【知识扩展】

十三部门推出的"多证合一"正式执行

国家工商行政总局（以下简称工商总局）等十三部门联合出台《关于推进全国统一"多证合一"改革的意见》（工商企注字〔2018〕31 号），要求各省、自治区、直辖市在 2017 年开展"多证合一"改革的基础上，自 2018 年 6 月底起，全面推进全国统一"多证合一"改革。

工商总局表示，为了切实解决改革推进过程中出现的问题，进一步规范和完善"多证合一"改革，经全面梳理、逐项研究，工商总局等十三部门达成一致意见，在"五证合一"基础上，将十九项涉企证照事项进一步整合到营业执照上，在全国层面实行"二十四证合一"。2018 年 6 月底前，省级层面实现各部门、部门垂管系统与省级共享平台的完全对接，实现信息自动推送、导入、转换。企业登记信息和涉企证照事项部门共享信息实行一次采集，企业无须向相关部门重复提交相同材料和信息。

一、十九项涉企证照事项被整合

1. 粮油仓储企业备案

2. 保安服务公司分公司备案

3. 公章刻制备案

4. 资产评估机构及其分支机构备案

5. 劳务派遣单位设立分公司备案

6. 房地产经纪机构及其分支机构备案

7. 单位办理住房公积金缴存登记

8. 工程造价咨询企业设立分支机构备案

9. 物业服务企业及其分支机构备案

10. 农作物种子生产经营分支机构备案

11. 再生资源回收经营者备案

12. 国际货运代理企业备案

13. 外商投资企业商务备案受理

14. 报关单位注册登记证书（进出口货物收发货人）

15. 出入境检验检疫报检企业备案证书

16. 设立出版物出租企业或者其他单位、个人从事出版物出租业务备案

17. 旅行社服务网点备案登记证明

18. 气象信息服务企业备案

19. 分公司《营业执照》备案

二、全国统一二十四证包括的事项

全国统一"多证合一"改革涉企证照事项目录见表2-1。

表2-1 全国统一"多证合一"改革涉企证照事项目录
（含经营范围规范表述用语）

序号	证照事项名称	经营范围规范表述用语（或备案事项）	办理部门
1	粮油仓储企业备案	粮油仓储 粮食仓储 食用油仓储	发改委 （粮食管理部门）
2	保安服务公司分公司备案	门卫、巡逻、守护、押运、随身护卫、安全检查以及安全技术防范、安全风险评估服务（限分公司勾选，且隶属公司应有此经营范围）	公安部门
3	公章刻制备案	无特定经营范围表述	公安部门
4	资产评估机构及其分支机构备案	资产评估 资产评估专业服务	财政部分
5	劳务派遣单位设立分公司备案	劳务派遣（限分公司勾选，且隶属公司应有此经营范围并已办理劳务派遣行政许可）	人社部门
6	社会保险登记证	无特定经营范围表述	人社部门
7	房地产经纪机构及其分支机构备案	房地产中介服务 房地产经纪服务 房地产居间代理服务	住建部门
8	单位办理住房公积金缴存登记	无特定经营范围表述	住建部门
9	工程造价咨询企业设立分支机构备案	工程造价专业咨询服务（限分公司勾选，且隶属公司应有此经营范围）	住建部门
10	物业服务企业及其分支机构备案	物业服务 物业管理	住建部门
11	农作物种子生产经营分支机构备案	生产经营农作物种子（限分公司勾选，且隶属公司应有此经营范围）	农业部门

（续）

序 号	证照事项名称	经营范围规范表述用语（或备案事项）	办理部门
12	再生资源回收经营者备案	含固体废物、危险废物、报废汽车等需经相关部门批准的项目 再生资源回收、加工（不含固体废物、危险废物、报废汽车等需经相关部门批准的项目）	商务部门
13	国际货运代理企业备案	国际货物运输代理	商务部门
14	外商投资企业商务备案受理	不涉及国家规定实施准入特别管理措施的外商投资企业商务备案受理	商务部门
15	报关单位注册登记证书（进出口货物收发货人）	货物或技术进出口（国家禁止或涉及行政审批的货物和技术进出口除外）	海关部门
16	税务登记证	无特定经营范围表述	税务部门
17	出入境检验检疫报检企业备案证书	无特定经营范围表述	质监部门
18	机构代码证	无特定经营范围表述	质监部门
19	设立出版物出租企业或者其他单位、个人从事出版物出租业务备案	图书出租 报纸出租 期刊出租 音像制品出租 电子出版物出租	出版行政主管部门
20	统计证	无特定经营范围表述	统计部门
21	旅行社服务网点备案登记证明	国内旅游招徕、咨询服务 入境旅游招徕、咨询服务 出境旅游招徕、咨询服务 边境旅游招徕、咨询服务 （限分公司勾选，且隶属设立社应有此经营范围）	旅游管理部门
22	气象信息服务企业备案	气象信息服务	气象管理部门
23	营业执照		工商、市场监管部门
24	分公司《营业执照》备案	无特定经营范围表述	工商、市场监管部门

三、"多证合一"营业执照的跨界应用

工商总局表示,"多证合一"涉企证照信息通过国家企业信用信息公示系统记载在该企业名下,同时通过营业执照二维码以及电子营业执照进行公示,扩大涉企证照信息的可视范围和应用场景,推动"多证合一"营业执照跨区域、跨部门、跨行业综合应用。

项目三

合伙企业法律制度

任务一　合伙企业法律制度概述

【任务描述】

（1）了解合伙企业的概念和分类；
（2）了解合伙企业法的基本概念和基本原则。

【知识储备】

一、合伙企业的概念和分类

（一）合伙企业的概念

合伙是指两个以上的人为着共同目的，相互约定共同出资、共同经营、共享收益、共担风险的自愿联合。合伙一般体现为一种单纯的合同关系；当合伙关系依照《中华人民共和国合伙企业法》（以下简称《合伙企业法》）进行登记并取得营业资格后，便体现为合伙企业。因此，合伙企业是指自然人、法人和其他组织依照《合伙企业法》在中国境内设立的普通合伙企业和有限合伙企业。

（二）合伙企业的分类

合伙企业分为普通合伙企业和有限合伙企业。普通合伙企业由普通合伙人组成，合伙人对合伙企业债务承担无限连带责任。《合伙企业法》对普通合伙人承担责任的形式有特别规定的，从其规定。有限合伙企业由普通合伙人和有限合伙人组成，普通合伙人对合伙企业债务承担无限承担责任，有限合伙人以其认缴的出资额为限对合伙企业债务承担责任。

二、合伙企业法的概念和基本原则

（一）合伙企业法的概念

合伙企业法有狭义和广义之分。狭义的合伙企业法，是指由国家最高立法机关依法制定的、规范合伙企业合伙关系的专门法律，即《合伙企业法》。该法于1997年2月23日由第八届全国人民代表大会常务委员会第二十四次会议通过，2006年8月27日第十届全国人民代表大会常务委员会第二十三次会议修订。广义的合伙企业法，是指国家立法机关或者其他有权机关依法制定的、调整合伙企业关系的各种法律规范的总称。因此，除了《合伙企业法》外，国家有关法律、行政法规和规章中关于合伙企业的法律规范，都属于合伙企业法的范畴。

（二）合伙企业法的基本原则

1. 协商原则

合伙协议是合伙人建立合伙关系，确定合伙人各自的权利义务，使合伙企业得以设立的前提，也是合伙企业的基础。合伙协议依法由全体合伙人协商一致、以书面形式订立。

2. 自愿、平等、公平、诚实信用原则

订立合伙协议、设立合伙企业，应当遵循自愿、平等、公平、诚实信用原则。自愿原则，是指全体合伙人在签订合伙协议、设立合伙企业的过程中，充分表达自己的真实意志，根据自己的真实意愿做出签订合伙协议、设立合伙企业的意思表示。平等原则，是指全体合伙人在签订合伙协议、设立合伙企业的过程中，具有平等法律地位、享受平等的法律待遇以及享有平等的法律保护。公平原则，是指全体合伙人在签订合伙协议、设立合伙企业的过程中，应当本着公平的观念实施自己的行为，同时司法机关也应当本着公平的观念处理有关纠纷。诚实信用原则，是指全体合伙人在签订合伙

协议、设立合伙企业的过程中,讲诚实、守信用,以善意的方式处理有关问题。

3. 守法原则

合伙企业及其合伙人必须遵守法律、行政法规,遵守社会公德、商业道德,承担社会责任。

4. 合法权益受法律保护原则

合伙企业及其合伙人的合法财产和权益受法律保护。

5. 依法纳税原则

合伙企业的生产经营所得和其他所得,按照国家有关税收规定,由合伙人分别缴纳所得税。合伙企业的生产经营所得和其他所得,是指合伙企业从事生产经营以及与生产经营有关的活动所取得的各项收入。合伙企业不缴纳企业所得税。

【任务实施】

(1)完成代理记账师岗位基础与认知(CMAC 四级)配套章节练习。

(2)完成代理记账师岗位基础与认知(CMAC 四级)平台任务(参考 CMAC 试题操作指南)。

任务二　普通合伙企业

【任务描述】

(1)了解普通合伙企业的概念;

(2)了解普通合伙企业的设立;

(3)了解合伙企业的财产;

(4)了解合伙事务执行;

(5)了解合伙企业与第三人的关系;

(6)了解入伙和退伙;

(7)了解特殊的普通合伙企业。

【知识储备】

一、普通合伙企业的概念

普通合伙企业，是指由普通合伙人组成，合伙人对合伙企业债务依照《合伙企业法》的规定承担无限连带责任的一种合伙企业。普通合伙企业具有以下特点：

（一）由普通合伙人组成

所谓普通合伙人，是指在合伙企业中对合伙企业的债务依法承担无限连带责任的自然人、法人和其他组织。《合伙企业法》规定，国有独资公司、国有企业、上市公司以及公益性事业单位、社会团体不得成为普通合伙人。

（二）除法律另有规定外，合伙人对合伙企业债务依法承担无限连带责任

所谓无限连带责任，包括两个方面：一是连带责任，即所有的合伙人对合伙企业的债务都有责任向债权人偿还，不管自己在合伙协议中所确定的承担比例如何。一个合伙人不能清偿对外债务的，其他合伙人都有清偿的责任。但是，当某一合伙人偿还合伙企业的债务超过自己所应承担的数额时，有权向其他合伙人追偿。二是无限责任，即所有的合伙人不仅以自己投入合伙企业的资金和合伙企业的其他资金对债权人承担清偿责任，而且在不够清偿时还要以合伙人自己所有的财产对债权人承担清偿责任。

但是，在特殊情况下，合伙人可以不承担无限连带责任。

二、普通合伙企业的设立

（一）普通合伙企业的设立条件

根据《合伙企业法》的规定，设立普通合伙企业，应当具备下列条件：

1. 有两个以上合伙人

合伙人为自然人的，应当具有完全民事行为能力。合伙企业合伙人至少为两人以上，对于合伙企业合伙人数的最高限额，我国《合伙企业法》未做规定，完全由设立人根据所设企业的具体情况决定。

关于合伙人的资格，《合伙企业法》做了以下限定：

（1）合伙人可以是自然人，也可以是法人或者其他组织。除法律另有规定外，这些人的组成不受限制。

（2）合伙人为自然人的，应当具有完全民事行为能力。无民事行为能力人和限制民事行为能力人不得成为普通合伙企业的合伙人。

（3）国有独资公司、国有企业、上市公司以及公益性的事业单位、社会团体不得成为普通合伙人。

2. 有书面合伙协议

合伙协议，是指由各合伙人通过协商，共同决定相互间的权利义务，达成的具有法律约束力的协议。合伙协议应当依法由全体合伙人协商一致，以书面形式订立。合伙协议应当载明下列事项：合伙企业的名称和主要经营场所的地点；合伙目的和合伙经营范围；合伙人的姓名或者名称、住所；合伙人的出资方式、数额和缴付期限；利润分配、亏损分担方式；合伙事务的执行；入伙与退伙；争议解决办法；合伙企业的解散与清算；违约责任等。合伙协议经全体合伙人签名、盖章后生效。合伙人按照合伙协议享有权利，履行义务。修改或者补充合伙协议，应当经全体合伙人一致同意；但是，合伙协议另有约定的除外。合伙协议未约定或者约定不明确的事项，由合伙人协商决定；协商不成的，依照《合伙企业法》和其他有关法律、行政法规的规定处理。

根据《合伙企业法》的规定，合伙人违反合伙协议的，应当依法承担违约责任。合伙人履行合伙协议发生争议的，合伙人可以通过协商或者调解解决。不愿通过协商、调解解决或者协商、调解不成的，可以按照合伙协议约定的仲裁条款或者事后达成的书面仲裁协议，向仲裁机构申请仲裁。合伙协议中未订立仲裁条款，事后又没有达成书面仲裁协议的，可以向人民法院起诉。

3. 有合伙人认缴或者实际缴付的出资

合伙协议生效后，合伙人应当按照合伙协议的规定缴纳出资。合伙人可以用货币、实物、知识产权、土地使用权或者其他财产权利出资，也可以用劳务出资。合伙人的劳务出资形式是有别于公司出资形式的重要不同之处。合伙人以实物、知识产权、土地使用权或者其他财产权利出资，需要评估作价的，可以由全体合伙人协商确定，也可以由全体合伙人委托法定评估机构评估。合伙人以劳务出资的，其评估办法由全体合伙人协商确定，并在合伙协议中载明。合伙人应当按照合伙协议约定的出资方式、数额和缴付期限履行出资义务。以非货币财产出资的，依照法律、行政法规的规定，需要办理财产权转移手续的，应当依法办理。

4. 有合伙企业的名称和生产经营场所

普通合伙企业应当在其名称中标明"普通合伙"字样，其中，特殊的普通合伙企业，应当在其名称中标明"特殊普通合伙"字样，合伙企业的名称必须和"合伙"联系起来，名称中必须有"合伙"二字。违反《合伙企业法》的规定，合伙企业未在其名称中标明"普通合伙"、"特殊普通合伙"或者"有限合伙"字样的，由企业登记机关责令限期改正，处以 2 000 元以上 1 万元以下的罚款。经企业登记机关登记的合伙企业主要经营场所只能有一个，并且应当在其企业登记机关登记管辖区域内。

5. 法律、行政法规规定的其他条件

（二）合伙企业的设立登记

根据《合伙企业法》和国务院发布的《中华人民共和国合伙企业登记管理办法》（以下简称《合伙企业登记管理办法》）的规定，合伙企业的设立登记，应按如下程序进行：

1. 申请人向企业登记机关提交相关文件

申请设立合伙企业，应当由全体合伙人指定的代表或者共同委托的代理人向企业登记机关提交下列文件：

（1）全体合伙人签署的设立登记申请书。

（2）全体合伙人的身份证明。

（3）全体合伙人指定代表或者共同委托代理人的委托书。

（4）合伙协议。

（5）全体合伙人对各合伙人认缴或者实际缴付出资的确认书。

（6）主要经营场所证明。

（7）国务院工商行政管理部门规定提交的其他文件。

此外，法律、行政法规或者国务院规定设立的合伙企业须经批准的，还应当提交有关批准文件。合伙企业的经营范围中有属于法律、行政法规或者国务院规定在登记前须经批准的项目的，应当向企业登记机关提交批准文件。全体合伙人决定委托执行事务合伙人的，应当向企业登记机关提交全体合伙人的委托书。执行事务合伙人是法人或者其他组织的，还应当提交其委派代表的委托书和身份证明。以实物、知识产权、土地使用权或者其他财产权利出资，由全体合伙人协商作价的，应当向企业登记机关提交全体合伙人签署的协商作价确认书；由全体合伙人委托法定评估机构评估作价的，应当向企业登记机关提交法定评估机构出具的评估作价证明。法律、行政法规规定设立特殊的普通合伙企业，需要提交合伙人的职业资格证明的，应当向企业登记机关提交有关证明。

2. 企业登记机关核发营业执照

申请人提交的登记申请材料齐全、符合法定形式，企业登记机关能够当场登记的，应予当场登记，发给合伙企业营业执照。除此之外，企业登记机关应当自受理申请之日起 20 日内，做出是否登记的决定。对符合《合伙企业法》规定条件的，予以登记，发给合伙企业营业执照；对不符合规定条件的，不予登记，并应当给予书面答复，说明理由。

合伙企业的登记事项应当包括：名称；主要经营场所；执行事务合伙人；经营范围；合伙企业类型；合伙人姓名或者名称及住所、承担责任方式、认缴或者实际缴付的出资数额、缴付期限、出资方式和评估方式等。合伙协议约定合伙期限的，登记事项还应当包括合伙期限。执行事务合伙人是法人或者其他组织的，登记事项还应当包括法人或者其他组织委派的代表。

合伙企业设立分支机构的，应当向分支机构所在地的企业登记机关申请设立登记，领取营业执照。分支机构的登记事项包括：分支机构的名称、经营场所、经营范围、分支机构负责人的姓名及住所等。分支机构的经营范围不得超出合伙企业的经营范围。合伙企业有合伙期限的，分支机构的登记事项还应当包括经营期限。分支机构的经营期限不得超过合伙企业的合伙期限。

三、合伙企业的财产

（一）合伙企业财产的构成

根据《合伙企业法》的规定，合伙人的出资、以合伙企业名义取得的收益和依法取得的其他财产，均为合伙企业的财产。从这一规定可以看出，合伙企业财产由以下三部分构成：

1. 合伙人的出资

《合伙企业法》规定，合伙人可以用货币、实物、知识产权、土地使用权或者其他财产权利出资，也可以用劳务出资。这些出资形成合伙企业的原始财产。需要注意的是，合伙企业的原始财产是全体合伙人"认缴"的财产，而非各合伙人"实际缴纳"的财产。

2. 以合伙企业名义取得的收益

合伙企业作为一个独立的经济实体，可以有自己的独立利益，因此，以其名义取得的收益作为合伙企业获得的财产，当然归属于合伙企业，成为合伙财产的一部分。以合伙企业名义取得的收益，主要包括合伙企业的公共积累资金、未分配的盈余、合伙企业债权、合伙企业取得的工业产权和非专利技术等财产权利。

3. 依法取得的其他财产

依法取得的其他财产，即根据法律、行政法规的规定合法取得的其他财产，如合法接受的赠予财产等。

(二)合伙企业财产的性质

合伙企业的财产具有独立性和完整性两方面的特征。所谓独立性,是指合伙企业的财产独立于合伙人。合伙人出资以后,一般说来,便丧失了对其作为出资部分的财产的所有权或者持有权、占有权,合伙企业的财产权主体是合伙企业,而不是单独的每一个合伙人。所谓完整性,是指合伙企业的财产作为一个完整的统一体而存在,合伙人对合伙企业财产权益的表现形式,仅是依照合伙协议所确定的财产收益份额或者比例。

根据《合伙企业法》的规定,合伙人在合伙企业清算前,不得请求分割合伙企业的财产;但是,法律另有规定的除外。合伙人在合伙企业清算前私自转移或者处分合伙企业财产的,合伙企业不得以此对抗善意第三人。在确认善意取得的情况下,合伙企业的损失只能向合伙人进行追索,而不能向善意第三人追索。合伙企业也不能以合伙人无权处分其财产而对善意第三人的权利要求进行对抗,即不能以合伙人无权处分其财产而主张其与善意第三人订立的合同无效。当然,如果第三人是恶意取得的,即明知合伙人无权处分而与之进行交易,或者与合伙人同谋共同侵犯合伙企业权益,则合伙企业可以据此对抗第三人。

(三)合伙人财产份额的转让

合伙人财产份额的转让,是指合伙企业的合伙人向他人转让其在合伙企业中的全部或者部分财产份额的行为。由于合伙人财产份额的转让将会影响到合伙企业以及各合伙人的切身利益,因此,《合伙企业法》对合伙人财产份额的转让做了以下限制性规定:

(1)除合伙协议另有约定外,合伙人向合伙人以外的人转让其在合伙企业中的全部或者部分财产份额时,须经其他合伙人一致同意。这一规定适用于合伙人财产份额的外部转让。所谓合伙人财产份额的外部转让,是指合伙人把其在合伙企业中的全部或者部分财产份额转让给合伙人以外的第三人的行为。合伙人财产份额的外部转让,只有经其他合伙人一致同意,才表明其他合伙人同意与受让人共同维持原合伙企业,合伙企业才能存续下去。如果其他合伙人不同意接受受让人,则合伙企业无法存续下去。当然,"合伙人向合伙人以外的人转让其在合伙企业中的全部或者部分财产份额时,须经其他合伙人一致同意"是一项法定的原则,且这项原则是在合伙协议中没有规定的情况下才有法律效力。如果合伙协议有另外的约定,即合伙协议约定,合伙人向合伙人以外的人转让其在合伙企业中的全部或者部分财产份额时,无须经过其他合伙人一致同意,比如约定2/3以上合伙人同意或者一定出资比例同意的情况下,则应执行合伙协议的规定。

（2）合伙人之间转让在合伙企业中的全部或者部分财产份额时，应当通知其他合伙人。这一规定适用于合伙人财产份额的内部转让。所谓合伙人财产份额的内部转让，是指合伙人将其在合伙企业中的全部或者部分财产份额转让给其他合伙人的行为。合伙人财产份额的内部转让因不涉及合伙人以外的人参加，合伙企业存续的基础没有发生实质性变更，因此不需要经过其他合伙人一致同意，只需要通知其他合伙人即可产生法律效力。

（3）合伙人向合伙人以外的人转让其在合伙企业中的财产份额的，在同等条件下，其他合伙人有优先购买权；但是，合伙协议另有约定的除外。所谓优先购买权，是指在合伙人转让其财产份额时，在多数人接受转让的情况下，其他合伙人基于同等条件可优先于其他非合伙人购买的权利。优先购买权的发生存在两个前提：一是合伙人财产份额的转让没有约定的转让条件、转让范围的限制。也就是说，"合伙协议"没有"另有约定"或者另外的限制，如有另外约定或者限制，则应依约定或限制办理。二是同等条件。同等的条件，主要是指购买的价格条件，当然也包括其他条件。这一规定的目的在于维护合伙企业现有合伙人的利益，维护合伙企业在现有基础上的稳定。

合伙人以外的人依法受让合伙人在合伙企业中的财产份额的，经修改合伙协议即成为合伙企业的合伙人，依照《合伙企业法》和修改后的合伙协议享有权利，履行义务。合伙人以外的人成为合伙人须修改合伙协议，未修改合伙协议的，不应算作法律所称的"合伙企业的合伙人"。合伙人以外的人成为合伙人后，依照《合伙企业法》和修改后的合伙协议享有权利，履行义务。

此外，由于合伙人以财产份额出质可能导致该财产份额依法发生权利转移，《合伙企业法》规定，合伙人以其在合伙企业中的财产份额出质的，须经其他合伙人一致同意；未经其他合伙人一致同意，其行为无效，由此给善意第三人造成损失的，由行为人依法承担赔偿责任。合伙人财产份额的出质，是指合伙人将其在合伙企业中的财产份额作为质押物来担保债权人债权实现的行为。对合伙人财产份额出质的规定，包括以下两方面的内容：一是合伙人可以以其在合伙企业中的财产份额作为质物，与他人签订质押合同，但必须经其他合伙人一致同意，否则，合伙人的出质行为无效，即不产生法律上的效力，不受法律的保护。二是合伙人非法出质给善意第三人造成损失的，依法承担赔偿责任。合伙人擅自以其在合伙企业中的财产份额出质，违背了合伙企业存续的基础，具有主观上的过错。合伙人非法出质给善意第三人造成损失的，应当依法赔偿因其过错行为给善意第三人所造成的损失。

四、合伙事务执行

（一）合伙事务执行的形式

根据《合伙企业法》的规定，合伙人执行合伙企业事务，可以有以下两种形式：

（1）全体合伙人共同执行合伙事务。这是合伙事务执行的基本形式，也是在合伙企业中经常使用的一种形式，尤其是在合伙人较少的情况下更为适宜。

（2）委托一个或数个合伙人执行合伙事务。在合伙企业中，有权执行合伙事务的合伙人并不都愿意行使这种权利。按照合伙协议的约定或者经全体合伙人决定，可以委托一个或者数个合伙人对外代表合伙企业，执行合伙事务。

（二）合伙人在执行合伙事务中的权利和义务

1.合伙人在执行合伙事务中的权利

根据《合伙企业法》的规定，合伙人在执行合伙事务中的权利主要包括以下内容：

（1）合伙人对执行合伙事务享有同等的权利。合伙企业的特点之一就是合伙经营，各合伙人无论其出资多少，都有权平等享有执行合伙企业事务的权利。

（2）执行合伙事务的合伙人对外代表合伙企业。合伙人在代表合伙企业执行事务时，是以合伙企业事务执行人的身份组织实施企业的生产经营活动。合伙企业事务执行人与代理人不同，代理人以被代理人的名义行事，代理权源于被代理人的授权；而合伙企业事务执行人虽以企业名义活动，但其权利来自法律的直接规定。合伙企业事务执行人与法人的法定代表人也不同，法定代表人是法律规定的并经过一定登记手续而产生的法人单位的代表，他不一定是该法人单位的出资者；而合伙企业事务执行人则是因其出资行为取得合伙人身份，并可以对外代表合伙企业。由于法人和其他组织可以参与合伙，《合伙企业法》同时规定，作为合伙人的法人、其他组织执行合伙企业事务的，由其委托的代表执行。

（3）不执行合伙事务的合伙人的监督权利。《合伙企业法》规定，不执行合伙事务的合伙人有权监督执行事务合伙人执行合伙事务的情况。这有利于维护全体合伙人的共同利益，同时也可以促进合伙事务执行人更加认真谨慎地处理合伙企业事务。

（4）合伙人查阅合伙企业会计账簿等财务资料的权利。合伙经营是一种以营利为目的的经济活动，合伙人之间的财产共有关系、共同经营关系、连带责任关系决定了全体合伙人形成了以实现合伙目的为目标的利益共同体。每个合伙人都有权利而且有责任关心、了解合伙企业的全部经营活动。因此，查阅合伙企业会计账簿等财务资料，作为了解合伙企业经营状况和财务状况的有效手段，成为合伙人的一项重要权利。

（5）合伙人有提出异议的权利和撤销委托的权利。在合伙人分别执行合伙事务的情况下，由于执行合伙事务的合伙人的行为所产生的亏损和责任要由全体合伙人承担，因此，《合伙企业法》规定，合伙人分别执行合伙事务的，执行事务合伙人可以对其他合伙人执行的事务提出异议。提出异议时，应当暂停该项事务的执行。如果发生争议，依照有关规定做出决定。受委托执行合伙事务的合伙人不按照合伙协议或者全体合伙人的决定执行事务的，其他合伙人可以决定撤销该委托。上述"依照有关规定做出决定"是指，合伙人对合伙企业有关事项做出决议，按照合伙协议约定的表决办法办理。合伙协议未约定或者约定不明确的，实行合伙人一人一票并经全体合伙人过半数通过的表决办法。

2. 合伙人在执行合伙事务中的义务

根据《合伙企业法》的规定，合伙人在执行合伙事务中的义务主要包括以下内容：

（1）合伙事务执行人向不参加执行事务的合伙人报告企业的经营状况和财务状况。《合伙企业法》规定，由一个或者数个合伙人执行合伙事务的，执行事务合伙人应当定期向其他合伙人报告事务执行情况以及合伙企业的经营状况和财务状况，其执行合伙事务所产生的收益归合伙企业，所产生的费用和亏损由合伙企业承担。

（2）合伙人不得自营或者同他人合作经营与本合伙企业相竞争的业务。各合伙人组建合伙企业是为了合伙经营、共享收益，如果某一合伙人自己又从事或者与他人合作从事与合伙企业相竞争的业务，势必影响合伙企业的利益，背离合伙的初衷；同时还可能形成不正当竞争，使合伙企业处于不利地位，损害其他合伙人的利益。因此，《合伙企业法》规定，合伙人不得自营或者同他人合作经营与本合伙企业相竞争的业务。合伙人违反《合伙企业法》规定或者合伙协议的约定，从事与本合伙企业相竞争的业务的，该收益归合伙企业所有；给合伙企业或者其他合伙人造成损失的，依法承担赔偿责任。

（3）合伙人不得同本合伙企业进行交易。合伙企业中每一个合伙人都是合伙企业的投资者，如果自己与合伙企业交易，就包含了与自己交易，也包含了与别的合伙人交易，而这种交易极易损害他人利益。因此，《合伙企业法》规定，除合伙协议另有约定或者经全体合伙人一致同意外，合伙人不得同本合伙企业进行交易。合伙人违反《合伙企业法》的规定或者合伙协议的约定，与本合伙企业进行交易的，该收益归合伙企业所有；给合伙企业或者其他合伙人造成损失的，依法承担赔偿责任。

（4）合伙人不得从事损害本合伙企业利益的活动。合伙人在执行合伙事务的过程中，不得为了自己的私利，坑害其他合伙人的利益，也不得与其他人恶意串通，损害合伙企业的利益。《合伙企业法》规定，合伙人执行合伙事务，或者合伙企业从业人员利用职务上的便利，将应当归合伙企业的利益据为己有的，或者采取其他手段侵占合伙企业财产的，应当将该利益和财产退还合伙企业；给合伙企业或者其他合伙人造成损失的，依法承担赔偿责任。

（三）合伙事务执行的决议办法

《合伙企业法》规定，合伙人对合伙企业有关事项做出决议，按照合伙协议约定的表决办法办理。合伙协议未约定或者约定不明确的，实行合伙人一人一票并经全体合伙人过半数通过的表决办法。《合伙企业法》对合伙企业的表决办法另有规定的，从其规定。这一规定确定了合伙事务执行决议的三种办法：

1. 由合伙协议对决议办法做出约定

这种约定有两个前提：一是不与法律相抵触，即法律有规定的按照法律的规定执行，法律未做规定的可在合伙协议中约定。二是在合伙协议中做出的约定，应当由全体合伙人协商一致共同做出。至于在合伙协议中所约定的决议办法，是采取全体合伙人一致通过，还是采取 2/3 以上多数通过，或者采取其他办法，则由全体合伙人视所决议的事项而做出约定。

2. 实行合伙人一人一票并经全体合伙人过半数通过的表决办法

这种办法也有一个前提，即合伙协议未约定或者约定不明确的，才实行合伙人一人一票并经全体合伙人过半数通过的表决办法。需要注意的是，对各合伙人，无论出资多少和以何物出资，表决权数应以合伙人的人数为准，亦即每一个合伙人对合伙企业有关事项均有同等的表决权，使用经全体合伙人过半数通过的表决办法。

3. 依照《合伙企业法》的规定做出决议。

如《合伙企业法》规定，合伙人按照合伙协议的约定或者经全体合伙人决定，可以增加或者减少对合伙企业的出资；又如《合伙企业法》规定，处分合伙企业的不动产、改变合伙企业的名称等，除合伙协议另有约定外，应当经全体合伙人一致同意等。

（四）合伙企业的损益分配

1. 合伙损益

合伙损益包括两方面的内容：一是合伙利润。合伙利润是指以合伙企业的名义所取得的经济利益，它反映了合伙企业在一定期间的经营成果。二是合伙亏损。合伙亏损是指以合伙企业的名义从事经营活动所形成的亏损。合伙亏损是全体合伙人所共同面临的风险，或者说是共同承担的经济责任。

2. 合伙损益分配原则

合伙损益分配包含合伙企业的利润分配与亏损分担两个方面，对合伙损益分配原则，《合伙企业法》做了规定，主要内容为：

（1）合伙企业的利润分配、亏损分担，按照合伙协议的约定办理；合伙协议未约定或者约定不明确的，由合伙人协商决定；协商不成的，由合伙人按照实缴出资比例分配、分担；无法确定出资比例的，由合伙人平均分配、分担。

（2）合伙协议不得约定将全部利润分配给部分合伙人或者由部分合伙人承担全部亏损。

（五）非合伙人参与经营管理

在合伙企业中，往往由于合伙人经营管理能力不足，需要在合伙人之外聘任非合伙人担任合伙企业的经营管理人员，参与合伙企业的经营管理工作。《合伙企业法》规定，除合伙协议另有约定外，经全体合伙人一致同意，可以聘任合伙人以外的人担任合伙企业的经营管理人员。这项法律规定表明了以下三层含义：

（1）合伙企业可以从合伙人之外聘任经营管理人员。

（2）聘任非合伙人的经营管理人员，除合伙协议另有约定外，应当经全体合伙人一致同意。

（3）被聘任的经营管理人员，仅是合伙企业的经营管理人员，不是合伙企业的合伙人，因而不具有合伙人的资格。

关于被聘任的经营管理人员的职责，《合伙企业法》做了明确规定，主要有：①被聘任的合伙企业的经营管理人员应当在合伙企业授权范围内履行职务；②被聘任的合伙企业的经营管理人员，超越合伙企业授权范围履行职务的，或者在履行职务过程中因故意或者重大过失给合伙企业造成损失的，依法承担赔偿责任。

五、合伙企业与第三人之间的关系

所谓合伙企业与第三人的关系，实际是指有关合伙企业的对外关系，涉及合伙企业对外代表权的效力，以及合伙企业和合伙人的债务清偿等问题。

（一）合伙企业对外代表权的效力

（1）合伙企业与第三人关系的概念。所谓合伙企业与第三人的关系，是指合伙企业的外部关系，即合伙企业与合伙企业的合伙人以外的第三人的关系。合伙企业是由自然人、法人和其他组织依照《合伙企业法》，通过订立合伙协议而设立的营利性组织。在合伙企业设立以后，必然要以合伙企业的名义从事生产经营活动，进行商品的交换、服务的供需和财产的流转，从而与其他市场主体（包括自然人、法人和其他组织）发生联系，形成其外部关系。因此，合伙企业与第三人的关系也就是合伙企业与外部的关系。由于合伙企业在债务承担上是一种无限连带责任关系，这种关系在一定程度上就会与合伙人自身发生一定的牵连，例如，当合伙企业对外发生了债务并且合伙企业的财产不能清偿其债务时，这一关系即可转化为合伙人与债权人（第三人）之间的关系。

（2）合伙事务执行中的对外代表。可以取得合伙企业对外代表权的合伙人，主要有三种情况：一是由全体合伙人共同执行合伙企业事务的，全体合伙人都有权对外代表合伙企业，即全体合伙人都取得了合伙企业的对外代表权。二是由部分合伙人执行合伙企业事务的，只有受委托执行合伙企业事务的那一部分合伙人有权对外代表合伙企业，而不参加执行合伙企业事务的合伙人则不具有对外代表合伙企业的权利。三是由于特别授权在单项合伙事务上有执行权的合伙人，依照授权范围可以对外代表合伙企业。执行合伙企业事务的合伙人在取得对外代表权后，即可以合伙企业的名义进行经营活动，在其授权的范围内做出法律行为。合伙人的这种代表行为，对全体合伙人发生法律效力，即其执行合伙事务所产生的收益归合伙企业，所产生的费用和亏损由合伙企业承担。

（3）合伙企业对外代表权的限制。合伙人执行合伙事务的权利和对外代表合伙企业的权利，都会受到一定的内部限制。如果这种内部限制对第三人发生效力，必须以第三人知道这一情况为条件，否则，该内部限制不对该第三人发生抗辩力。《合伙企业法》规定，合伙企业对合伙人执行合伙事务以及对外代表合伙企业权利的限制，不得对抗善意第三人。这里所指的限制，是指合伙企业对合伙人所享有的事务执行权与对外代表权权利能力的一种限定；这里所指的对抗，是指合伙企业否定第三人的某些权利和利益，拒绝承担某些责任；这里所指的善意第三人，是指与合伙企业有经济联系的第三人不知道合伙企业所做的内部限制，或者不知道合伙企业对合伙人行使权利所做限制的事实，本着合法交易的目的，诚实地通过合伙企业的事务执行人，与合伙企业之间建立民事、商事法律关系的法人、非法人团体或自然人。如果第三人与合伙企业事务执行人恶意串通、损害合伙企业利益，则不属于善意的情形。需要指出的是，不得对抗善意第三人，主要是针对给第三人造成的损失而言，即当执行合伙事务的合伙人给善意第三人造成损失时，合伙企业不能因为对合伙人执行合伙事务以及对外代表合伙企业权利进行了限制，就不对善意第三人承担责任。

保护善意第三人的利益是为了维护经济往来的交易安全，这是一项被广泛认同的法律原则。例如，合伙企业内部规定，有对外代表权的合伙人甲在签订合同时，须经乙和丙两个执行事务的合伙人的同意，如果甲自作主张没有征求乙和丙的同意，与第三人丁签订了一份买卖合同，而丁不知道在合伙企业内部对甲所做的限制，在合同的履行中，也没有从中获得不正当的利益，这种情况下，第三人丁应当为善意第三人，丁所得到的利益应当予以保护，合伙企业不得以其内部所做的在行使权利方面的限制为由，否定善意第三人丁的正当权益，拒绝履行合伙企业应承担的责任。

（二）合伙企业和合伙人的债务清偿

1. 合伙企业的债务清偿与合伙人的关系

（1）合伙企业财产优先清偿。《合伙企业法》规定，合伙企业对其债务，应先以其全部财产进行清偿。所谓合伙企业的债务，是指在合伙企业存续期间产生的债务。也就是说，合伙企业的债权人应首先从合伙企业的全部财产中求偿，而不应当向合伙人个人直接请求债权。这有利于理顺合伙企业与第三人的法律关系，明确合伙企业的偿债责任，也有利于保护债权人的债权。

（2）合伙人的无限连带清偿责任。《合伙企业法》规定，合伙企业不能清偿到期债务的，合伙人承担无限连带责任。所谓合伙人的无限责任，是指当合伙企业的全部财产不足以偿付到期债务时，各个合伙人承担合伙企业的债务不是以其出资额为限，而是以其自有财产来清偿合伙企业的债务。合伙人的连带责任，是指当合伙企业的全部财产不足以偿付到期债务时，合伙企业的债权人就合伙企业所负债务可以向任何一个合伙人主张，该合伙人不得以其出资的份额大小、合伙协议有特别约定、合伙企业债务另有担保人或者自己已经偿付所承担的份额等理由来拒绝。

（3）合伙人之间的债务分担和追偿。《合伙企业法》规定，合伙人由于承担无限连带责任，清偿数额超过规定的亏损分担比例的，有权向其他合伙人追偿。这一规定，在重申合伙人对合伙企业债务负无限连带责任的基础上，明确了合伙人分担合伙债务的比例，是以合伙企业亏损分担的比例为准。关于合伙企业亏损分担比例，《合伙企业法》规定，合伙企业的亏损分担，按照合伙协议的约定办理；合伙协议未约定或者约定不明确的，由合伙人协商决定；协商不成的，由合伙人按照实缴出资比例分担；无法确定出资比例的，由合伙人平均分担。

合伙人之间的分担比例对债权人没有约束力。债权人可以根据自己的清偿利益，请求全体合伙人中的一人或数人承担全部清偿责任，也可以按照自己确定的清偿比例向各合伙人分别追索。如果某一合伙人实际支付的清偿数额超过其依照既定比例所应承担的数额，依照《合伙企业法》的规定，该合伙人有权就超过部分向其他未支付或者未足额支付应承担数额的合伙人追偿。但是，合伙人的这种追偿权，应当具备以下三项条件：一是追偿人已经实际承担连带责任，并且其清偿数额超过了他应当承担的数额；二是被追偿人未实际承担或者未足额承担其应当承担的数额；三是追偿的数额不得超过追偿人超额清偿部分的数额或被追偿人未足额清偿部分的数额。

2. 合伙人的债务清偿与合伙企业的关系

在合伙企业存续期间，可能发生个别合伙人因不能偿还其私人债务而被追索的情况。由于合伙人在合伙企业中拥有财产权益，合伙人的债权人可能向合伙企业提出各种清偿请求。为了保护合伙企业和其他合伙人的合法权益，同时也保护债权人的合法权益，《合伙企业法》做了如下规定：

（1）合伙人发生与合伙企业无关的债务，相关债权人不得以其债权抵销其对合伙企业的债务，也不得代位行使合伙人在合伙企业中的权利。首先，合伙人发生与合伙企业无关的债务，相关债权人不得以其债权抵销其对合伙企业的债务。这是因为该债权人对合伙企业的负债，实际上是对全体合伙人的负债，而合伙企业某一合伙人对该债权人的负债，只限于该合伙人个人，如果允许两者抵销，就等于强迫合伙企业其他合伙人对个别合伙人的个人债务承担责任，这违反了合伙企业的本意，加大了合伙人的风险，也不利于合伙企业这种经济组织形式的发展。其次，合伙人发生与合伙企业无关的债务，相关债权人不得代位行使该合伙人在合伙企业中的权利。这是因为合伙人之间的相互了解和信任是合伙关系稳定的基础，如果允许个别合伙人的债权人代位行使该合伙人在合伙企业中的权利，如参与管理权、事务执行权等，则不利于合伙关系的稳定和合伙企业的正常运营。况且，该债权人因无合伙人身份，其只行使合伙人的权利而不承担无限连带责任，这无异于允许他将自己行为的责任风险转嫁于合伙企业的全体合伙人，这是不公平的。

（2）合伙人的自有财产不足清偿其与合伙企业无关的债务的，该合伙人可以以其从合伙企业中分取的收益用于清偿；债权人也可以依法请求人民法院强制执行该合伙人在合伙企业中的财产份额用于清偿。这既保护了债权人的清偿利益，也无损于全体合伙人的合法权益。因为在债权人取得其债务人从合伙企业中分取的收益用来清偿的情况下，该债权人并不参与合伙企业内部事务，也不妨碍其债务人作为合伙人正常行使其正当的权利。而在债权人依法请求人民法院强制执行债务人在合伙企业中的财产份额作为清偿的情况下，如果该债权人因取得该财产份额而成为合伙企业的合伙人，则无异于合伙份额的转让。因此，债权人取得合伙人地位后，就要承担与其他合伙人同样的责任，因而不存在转嫁责任风险的问题。

人民法院强制执行合伙人的财产份额时，应当通知全体合伙人，其他合伙人有优先购买权；其他合伙人未购买，又不同意将该财产份额转让给他人的，依照《合伙企业法》的规定为该合伙人办理退伙结算，或者办理削减该合伙人相应财产份额的结算。这里需要注意三点：一是这种清偿必须通过《民事诉讼法》规定的强制执行程序进行，债权人不得自行接管债务人在合伙企业中的财产份额；二是人民法院强制执行合伙人的财产份额时，应当通知全体合伙人；三是在强制执行个别合伙人在合伙企业中的财产份额时，其他合伙人有优先购买权。也就是说，如果其他合伙人不愿意接受该债权人成为其合伙企业新的合伙人，可以由他们中的一人或者数人行使优先购买权，取得该债务人的财产份额。受让人支付的价金，用于向该债权人清偿债务。

六、入伙和退伙

（一）入伙

入伙是指在合伙企业存续期间，合伙人以外的第三人加入合伙，从而取得合伙人资格。

1. 入伙的条件和程序

《合伙企业法》规定，新合伙人入伙，除合伙协议另有约定外，应当经全体合伙人一致同意，并依法订立书面入伙协议。订立入伙协议时，原合伙人应当向新合伙人如实告知原合伙企业的经营状况和财务状况。这一规定包括四层含义：一是新合伙人入伙，应当经全体合伙人一致同意，未获得一致同意的，不得入伙；二是如果合伙协议对新合伙人入伙约定了相应的条件，则必须按照约定执行；三是新合伙人入伙，应当依法订立书面入伙协议，入伙协议应当以原合伙协议为基础，并对原合伙协议事项做相应变更，订立入伙协议不得违反公平原则、诚实信用原则；四是订立入伙协议时，原合伙人应当向新合伙人如实告知原合伙企业的经营状况和财务状况。

2. 新合伙人的权利和责任

一般来讲，入伙的新合伙人与原合伙人享有同等权利，承担同等责任。但是，如果原合伙人愿意以更优越的条件吸引新合伙人入伙，或者新合伙人愿意以较为不利的条件入伙，也可以在入伙协议中另行约定。关于新入伙人对入伙前合伙企业的债务承担问题，《合伙企业法》规定，新合伙人对入伙前合伙企业的债务承担无限连带责任。

（二）退伙

退伙是指合伙人退出合伙企业，从而丧失合伙人资格。

1. 退伙的原因

合伙人退伙一般有两种原因：一是自愿退伙；二是法定退伙。

（1）自愿退伙是指合伙人基于自愿的意思表示而退伙。自愿退伙可以分为协议退伙和通知退伙两种。

1）协议退伙。关于协议退伙，《合伙企业法》规定，合伙协议约定合伙期限的，在合伙企业存续期间，有下列情形之一的，合伙人可以退伙：①合伙协议约定的退伙事由出现；②经全体合伙人一致同意；③发生合伙人难以继续参加合伙的事由；④其他合伙人严重违反合伙协议约定的义务。

合伙人违反上述规定退伙的，应当赔偿由此给合伙企业造成的损失。

2）通知退伙。关于通知退伙，《合伙企业法》规定，合伙协议未约定合伙期限的，合伙人在不会给合伙企业事务执行造成不利影响的情况下，可以退伙，但应当提前30日通知其他合伙人。由此可见，法律对通知退伙有一定的限制，即附有以下三项条件：①必须是合伙协议未约定合伙企业的经营期限；②必须是合伙人的退伙不会给合伙企业事务执行造成不利影响；③必须提前30日通知其他合伙人。

这三项条件必须同时具备，缺一不可。合伙人违反上述规定退伙的，应当赔偿由此给合伙企业造成的损失。

（2）法定退伙是指合伙人因出现法律规定的事由而退伙。法定退伙分为当然退伙和除名两类。

1）当然退伙。关于当然退伙，《合伙企业法》规定，合伙人有下列情形之一的，当然退伙：①作为合伙人的自然人死亡或者被依法宣告死亡；②个人丧失偿债能力；③作为合伙人的法人或者其他组织依法被吊销营业执照、责令关闭、撤销或者被宣告破产；④法律规定或者合伙协议约定合伙人必须具有相关资格而丧失该资格；⑤合伙人在合伙企业中的全部财产份额被人民法院强制执行。

此外，合伙人被依法认定为无民事行为能力人或者限制民事行为能力人的，经其他合伙人一致同意，可以依法转为有限合伙人，普通合伙企业依法转为有限合伙企业。其他合伙人未能一致同意的，该无民事行为能力或者限制民事行为能力的合伙人退伙。当然退伙以退伙事由实际发生之日为退伙生效日。

2）除名。关于除名，《合伙企业法》规定，合伙人有下列情形之一的，经其他合伙人一致同意，可以决议将其除名：①未履行出资义务；②因故意或者重大过失给合伙企业造成损失；③执行合伙事务时有不正当行为；④发生合伙协议约定的事由。

对合伙人的除名决议应当书面通知被除名人。被除名人接到除名通知之日，除名生效，被除名人退伙。被除名人对除名决议有异议的，可以自接到除名通知之日起30日内，向人民法院起诉。

2. 退伙的效果

退伙的效果是指退伙时退伙人在合伙企业中的财产份额和民事责任的归属变动。退伙的效果分为两类情况：一是财产继承；二是退伙结算。

（1）财产继承。关于财产继承，《合伙企业法》规定，合伙人死亡或者被依法宣告死亡的，对该合伙人在合伙企业中的财产份额享有合法继承权的继承人，按照合伙协议的约定或者经全体合伙人一致同意，从继承开始之日起，取得该合伙企业的合伙人资格。

有下列情形之一的，合伙企业应当向合伙人的继承人退还被继承合伙人的财产份额：

1）继承人不愿意成为合伙人。

2）法律规定或者合伙协议约定合伙人必须具有相关资格，而该继承人未取得该资格。

3）合伙协议约定不能成为合伙人的其他情形。

合伙人的继承人为无民事行为能力人或者限制民事行为能力人的，经全体合伙人一致同意，可以依法成为有限合伙人，普通合伙企业依法转为有限合伙企业。全体合伙人未能一致同意的，合伙企业应当将被继承合伙人的财产份额退还该继承人。根据这一法律规定，合伙人死亡时其继承人可依以下法定条件取得该合伙企业的合伙人资格：一是有合法继承权；二是有合伙协议的约定或者全体合伙人的一致同意；三是继承人愿意。死亡的合伙人的继承人取得该合伙企业的合伙人资格，从继承开始之日起获得。若有数个继承人，数人只能作为一个整体继承被继承人的合伙份额，否则就会破坏合伙企业原有的结构。

（2）退伙结算。关于退伙结算，除合伙人死亡或者被依法宣告死亡的情形外，《合伙企业法》对退伙结算做了以下规定：

1）合伙人退伙，其他合伙人应当与该退伙人按照退伙时的合伙企业财产状况进行结算，退还退伙人的财产份额。退伙人对给合伙企业造成的损失负有赔偿责任的，相应扣减其应当赔偿的数额。退伙时有未了结的合伙企业事务的，待该事务了结后进行结算。

2）退伙人在合伙企业中财产份额的退还办法，由合伙协议约定或者由全体合伙人决定，可以退还货币，也可以退还实物。

3）合伙人退伙时，合伙企业财产少于合伙企业债务的，退伙人应当依照法律规定分担亏损，即如果合伙协议约定亏损分担比例的，按照合伙协议的约定办理；合伙协议未约定或者约定不明确的，由合伙人协商决定；协商不成的，由合伙人按照实缴出资比例分担；无法确定出资比例的，由合伙人平均分担。

合伙人退伙以后，并不能解除对于合伙企业既往债务的连带责任。根据《合伙企业法》的规定，退伙人对基于其退伙前的原因发生的合伙企业债务，承担无限连带责任。

七、特殊的普通合伙企业

（一）特殊的普通合伙企业的概念

特殊的普通合伙企业是一种特殊的合伙形式，一般是以专业知识和专门技能为客户提供有偿服务的专业服务机构，此种合伙企业的责任分担形式不同于一般的普通合伙。特殊的普通合伙企业名称中应当标明"特殊普通合伙"字样。

（二）特殊的普通合伙企业的责任形式

1. 责任承担

《合伙企业法》规定，一个合伙人或者数个合伙人在执业活动中因故意或者重大过失造成合伙企业债务的，应当承担无限责任或者无限连带责任，其他合伙人以其在合伙企业中的财产份额为限承担责任。合伙人在执业活动中非因故意或者重大过失造成的合伙企业债务以及合伙企业的其他债务，由全体合伙人承担无限连带责任。所谓重大过失，是指明知可能造成损失而轻率地作为或者不作为。根据这一法律规定，特殊的普通合伙企业的责任形式分为两种：

（1）有限责任与无限连带责任相结合。一个合伙人或者数个合伙人在执业活动中因故意或者重大过失造成合伙企业债务的，应当承担无限责任或者无限连带责任，其他合伙人以其在合伙企业中的财产份额为限承担责任。由于特殊的普通合伙企业的特殊性，为了保证特殊的普通合伙企业的健康发展，必须对合伙人的责任形式予以改变，否则，以专业知识和专门技能为客户提供服务的专业服务机构难以存续。因此，对一个合伙人或者数个合伙人在执业活动中的故意或者重大过失行为应与其他合伙人区别对待，对于负有重大责任的合伙人应当承担无限责任或者无限连带责任，其他合伙人只以其在合伙企业中的财产份额为限承担责任。这也符合公平、公正原则。如果不分清责任，简单地归责于无限连带责任或者有限责任，不但对其他合伙人不公平，而且债权人的利益也难以得到保障。

（2）无限连带责任。对合伙人在执业活动中非因故意或者重大过失造成的合伙企业债务以及合伙企业的其他债务，全体合伙人承担无限连带责任。这是在责任划分的基础上做出的合理性规定，以最大限度地实现公平、正义和保障债权人的合法权益。但是这种责任形式的前提是，合伙人在执业过程中不存在重大过错，既没有故意，也不存在重大过失。

2. 责任追偿

《合伙企业法》规定，合伙人执业活动中因故意或者重大过失造成的合伙企业债务，以合伙企业财产对外承担责任后，该合伙人应当按照合伙协议的约定对给合伙企业造成的损失承担赔偿责任。

（三）特殊的普通合伙企业的执业风险防范

特殊的普通合伙企业应当建立执业风险基金、办理职业保险。执业风险基金主要是指为了化解经营风险，特殊的普通合伙企业从其经营收益中提取相应比例的资金留存或者根据相关规定上缴至指定机构所形成的资金。执业风险基金用于偿付合伙人执业活动造成的债务。执业风险基金应当单独立户管理。职业保险又称职业责任保险，是指承保各种专业技术人员因工作上的过失或者疏忽大意所造成的合同一方或者他人的人身伤害或者财产损失的经济赔偿责任的保险。

【任务实施】

（1）完成代理记账师岗位基础与认知（CMAC 四级）配套章节练习。

（2）完成代理记账师岗位基础与认知（CMAC 四级）平台任务（参考 CMAC 试题操作指南）。

任务三　有限合伙企业

【任务描述】

（1）了解有限合伙企业的概念和法律适用；
（2）了解有限合伙企业设立的特殊规定；
（3）了解有限合伙企业事务执行的特殊规定；
（4）了解有限合伙企业财产出质与转让的特殊规定；
（5）了解有限合伙人债务清偿的特殊规定；
（6）了解有限合伙企业入伙和退伙的特殊规定；
（7）了解合伙人性质转变的特殊规定。

【知识储备】

一、有限合伙企业的概念和法律适用

（一）有限合伙企业的概念

有限合伙企业是指由有限合伙人和普通合伙人共同组成，普通合伙人对合伙企业债务承担无限连带责任，有限合伙人以其认缴的出资额为限对合伙企业债务承担责任的合伙组织。有限合伙企业引入有限责任制度，有利于调动各方的投资热情，实现投资者与创业者的最佳结合。

有限合伙企业与普通合伙企业和有限责任公司相比较，具有以下显著特征：

（1）在经营管理上，普通合伙企业的合伙人一般均可参与合伙企业的经营管理。有限责任公司的股东有权参与公司的经营管理（含直接参与和间接参与）。而在有限合伙企业中，有限合伙人不执行合伙事务，而由普通合伙人从事具体的经营管理。

（2）在风险承担上，普通合伙企业的合伙人之间对合伙债务承担无限连带责任。有限责任公司的股东对公司债务以其各自的出资额为限承担有限责任。而在有限合伙企业中，不同类型的合伙人所承担的责任则存在差异，其中有限合伙人以其各自的出资额为限承担有限责任，普通合伙人之间承担无限连带责任。

（二）有限合伙企业的法律适用

《合伙企业法》规定了两种类型的企业，即普通合伙企业和有限合伙企业。有限合伙企业与普通合伙企业之间既有相同点，也有区别之处。两者的差别主要表现在合伙企业的内部构造上。普通合伙企业的成员均为普通合伙人，而有限合伙企业的成员则被划分为两部分，即有限合伙人和普通合伙人。这两部分合伙人在主体资格、权利享有、义务承受与责任承担等方面存在着明显的差异。在法律适用中，凡是《合伙企业法》中对有限合伙企业有特殊规定的，应当适用有关《合伙企业法》中对有限合伙企业的特殊规定。无特殊规定的，适用有关普通合伙企业及其合伙人的一般规定。

本部分主要介绍有限合伙企业的有关特殊规定。

二、有限合伙企业设立的特殊规定

（一）有限合伙企业人数

《合伙企业法》规定，有限合伙企业由两个以上50个以下合伙人设立；但是，法律另有规定的除外。有限合伙企业至少应当有一个普通合伙人。按照规定，自然人、法人和其他组织可以依照法律规定设立有限合伙企业，但国有独资公司、国有企业、上市公司以及公益性的事业单位、社会团体不得成为有限合伙企业的普通合伙人。

在有限合伙企业存续期间，有限合伙人的人数可能发生变化。然而，无论如何变化，有限合伙企业中必须包括有限合伙人与普通合伙人两部分，否则有限合伙企业应当进行组织形式变化。《合伙企业法》规定，有限合伙企业仅剩有限合伙人的，应当解散；有限合伙企业仅剩普通合伙人的，应当转为普通合伙企业。

（二）有限合伙企业名称

《合伙企业法》规定，有限合伙企业名称中应当标明"有限合伙"字样。按照企业名称登记管理的有关规定，企业名称中应当含有企业的组织形式。为便于社会公众以及交易相对人了解有限合伙企业，有限合伙企业名称中应当标明"有限合伙"的字样，而不能标明"普通合伙""特殊普通合伙""有限公司""有限责任公司"等字样。

（三）有限合伙企业协议

有限合伙企业协议是有限合伙企业生产经营的重要法律文件。有限合伙企业协议除符合普通合伙企业合伙协议的规定外，还应当载明下列事项：

（1）普通合伙人和有限合伙人的姓名或者名称、住所。
（2）执行事务合伙人应具备的条件和选择程序。
（3）执行事务合伙人权限与违约处理办法。
（4）执行事务合伙人的除名条件和更换程序。
（5）有限合伙人入伙、退伙的条件、程序以及相关责任。
（6）有限合伙人和普通合伙人相互转变程序。

（四）有限合伙人出资形式

《合伙企业法》规定，有限合伙人可以用货币、实物、知识产权、土地使用权或者其他财产权利作价出资。有限合伙人不得以劳务出资。劳务出资的实质是用未来劳动创造收入来投资，其难以通过市场变现，法律上执行困难。如果普通合伙人用劳务出资，有限合伙人也用劳务出资，将来该有限合伙企业将难以承担债务责任，这将不利于保护债权人的利益。

（五）有限合伙人出资义务

《合伙企业法》规定，有限合伙人应当按照合伙协议的约定按期足额缴纳出资；未按期足额缴纳的，应当承担补缴义务，并对其他合伙人承担违约责任。按期足额出资是有限合伙人必须履行的义务，因此，有限合伙人应当按照合伙协议的约定按期足额缴纳出资。合伙人未按照协议的约定履行缴纳出资义务的，首先应当承担补缴出资的义务，同时还应对其他合伙人承担违约责任。

（六）有限合伙企业登记事项

《合伙企业法》规定，有限合伙企业登记事项中应当载明有限合伙人的姓名或者名称及其认缴的出资数额。

三、有限合伙企业事务执行的特殊规定

（一）有限合伙企业事务执行人

《合伙企业法》规定，有限合伙企业由普通合伙人执行合伙事务。执行事务合伙人可以要求在合伙协议中确定执行事务的报酬及报酬提取方式。如合伙协议约定数个普通合伙人执行合伙事务，这些普通合伙人均为合伙事务执行人。如合伙协议无约定，全体普通合伙人是合伙事务的共同执行人。合伙事务执行人除享有一般合伙人相同的权利外，还有接受其他合伙人的监督和检查、谨慎执行合伙事务的义务，若因自己的过错造成合伙财产损失的，应向合伙企业或其他合伙人负赔偿责任。此外，由于执行事务合伙人较不执行事务合伙人对有限合伙企业要多付出劳动，因此，执行事务合伙人可以就执行事务的劳动付出，要求企业支付报酬。对于报酬的支付方式及其数额，应由合伙协议规定或全体合伙人讨论决定。

（二）禁止有限合伙人执行合伙事务

《合伙企业法》规定，有限合伙人不执行合伙事务，不得对外代表有限合伙企业。有限合伙人的下列行为，不视为执行合伙事务：

（1）参与决定普通合伙人入伙、退伙。

（2）对企业的经营管理提出建议。

（3）参与选择承办有限合伙企业审计业务的会计师事务所。

（4）获取经审计的有限合伙企业财务会计报告。

（5）对涉及自身利益的情况，查阅有限合伙企业财务会计账簿等财务资料。

（6）在有限合伙企业中的利益受到侵害时，向有责任的合伙人主张权利或者提起诉讼。

（7）执行事务合伙人怠于行使权利时，督促其行使权利或者为了本企业的利益以自己的名义提起诉讼。

（8）依法为本企业提供担保。

另外，《合伙企业法》规定，第三人有理由相信有限合伙人为普通合伙人并与其交易的，该有限合伙人对该笔交易承担与普通合伙人同样的责任。有限合伙人未经授权以有限合伙企业名义与他人进行交易，给有限合伙企业或者其他合伙人造成损失的，该有限合伙人应当承担赔偿责任。

（三）有限合伙企业利润分配

《合伙企业法》规定，有限合伙企业不得将全部利润分配给部分合伙人；但是，合伙协议另有约定的除外。

（四）有限合伙人的权利

1. 有限合伙人可以同本企业进行交易

《合伙企业法》规定，有限合伙人可以同本有限合伙企业进行交易，但是合伙协议另有约定的除外。因为有限合伙人并不参与有限合伙企业事务的执行，对有限合伙企业的对外交易行为，有限合伙人并无直接或者间接的控制权，有限合伙人与本有限合伙企业进行交易时，一般不会损害本有限合伙企业的利益。有限合伙协议可以对有限合伙人与有限合伙企业之间的交易进行限定，如果有限合伙协议另有约定的，则必须按照约定的要求进行。普通合伙人如果禁止有限合伙人同本有限合伙企业进行交易的，应当在合伙协议中做出约定。

2. 有限合伙人可以经营与本企业相竞争的业务

《合伙企业法》规定，有限合伙人可以自营或者同他人合作经营与本有限合伙企业相竞争的业务；但是，合伙协议另有约定的除外。与普通合伙人不同，有限合伙人一般不承担竞业禁止义务。普通合伙人如果禁止有限合伙人自营或者同他人合作经营与本有限合伙企业相竞争的业务，应当在合伙协议中做出约定。

四、有限合伙企业财产出质与转让的特殊规定

（一）有限合伙人财产份额出质

《合伙企业法》规定，有限合伙人可以将其在有限合伙企业中的财产份额出质，但是合伙协议另有约定的除外。所谓有限合伙人将其在有限合伙企业中的财产份额出质，是指有限合伙人以其在合伙企业中的财产份额对外进行权利质押。有限合伙人在有限合伙企业中的财产份额，是有限合伙人的财产权益，在有限合伙企业存续期间，有限合伙人可以对该财产权利进行一定的处分。有限合伙人将其在有限合伙企业中的财产份额进行出质，产生的后果仅仅是有限合伙企业的有限合伙人存在变更的可能，这对有限合伙企业的财产基础并无根本的影响。因此，有限合伙人可以按照《中华人民共和国物权法》（以下简称《物权法》）《中华人民共和国担保法》（以下简称《担保法》）等相关法律规定进行财产份额的出质。但是，有限合伙企业合伙协议可以对有限合伙

人的财产份额出质做出约定，如有特殊约定的，应按特殊约定进行。

（二）有限合伙人财产份额转让

《合伙企业法》规定，有限合伙人可以按照合伙协议的约定向合伙人以外的人转让其在有限合伙企业中的财产份额，但应当提前 30 日通知其他合伙人。这是因为有限合伙人向合伙人以外的其他人转让其在有限合伙企业中的财产份额，并不影响有限合伙企业债权人的利益。但是，有限合伙人对外转让其在有限合伙企业中的财产份额应当依法进行：一是要按照合伙协议的约定进行转让；二是应当提前 30 日通知其他合伙人。有限合伙人对外转让其在有限合伙企业的财产份额时，有限合伙企业的其他合伙人有优先购买权。

五、有限合伙人债务清偿的特殊规定

《合伙企业法》规定，有限合伙人的自有财产不足清偿其与合伙企业无关的债务的，该合伙人可以以其从有限合伙企业中分取的收益用于清偿；债权人也可以依法请求人民法院强制执行该合伙人在有限合伙企业中的财产份额用于清偿。人民法院强制执行有限合伙人的财产份额时，应当通知全体合伙人。在同等条件下，其他合伙人有优先购买权。由此，有限合伙人清偿其债务时，首先应当以自有财产进行清偿，只有自有财产不足清偿时，有限合伙人才可以使用其在有限合伙企业中分取的收益进行清偿，也只有在有限合伙人的自有财产不足清偿其与合伙企业无关的债务时，人民法院才可以应债权人请求强制执行该合伙人在有限合伙企业中的财产份额用于清偿。

六、有限合伙企业入伙和退伙的特殊规定

（一）入伙

《合伙企业法》规定，新入伙的有限合伙人对入伙前有限合伙企业的债务，以其认缴的出资额为限承担责任。这里需要注意的是，在普通合伙企业中，新入伙的合伙人对入伙前合伙企业的债务承担连带责任，而在有限合伙企业中，新入伙的有限合伙人对入伙前有限合伙企业的债务，以其认缴的出资额为限承担责任。

（二）退伙

1. 有限合伙人当然退伙

《合伙企业法》规定，有限合伙人出现下列情形之一时当然退伙：

（1）作为合伙人的自然人死亡或者被依法宣告死亡。

（2）作为合伙人的法人或者其他组织依法被吊销营业执照、责令关闭、撤销，或者被宣告破产。

（3）法律规定或者合伙协议约定合伙人必须具有相关资格而丧失该资格。

（4）合伙人在合伙企业中的全部财产份额被人民法院强制执行。

2. 有限合伙人丧失民事行为能力的处理

《合伙企业法》规定，作为有限合伙人的自然人在有限合伙企业存续期间丧失民事行为能力的，其他合伙人不得因此要求其退伙。这是因为有限合伙人对有限合伙企业只进行投资，而不负责事务执行。作为有限合伙人的自然人在有限合伙企业存续期间丧失民事行为能力，并不影响有限合伙企业的正常生产经营活动，其他合伙人不能要求该丧失民事行为能力的合伙人退伙。

3. 有限合伙人继承人的权利

《合伙企业法》规定，作为有限合伙人的自然人死亡、被依法宣告死亡或者作为有限合伙人的法人及其他组织终止时，其继承人或者权利承受人可以依法取得该有限合伙人在有限合伙企业中的资格。

4. 有限合伙人退伙后的责任承担

《合伙企业法》规定，有限合伙人退伙后，对基于其退伙前的原因发生的有限合伙企业债务，以其退伙时从有限合伙企业中取回的财产承担责任。

七、合伙人性质转变的特殊规定

《合伙企业法》规定，除合伙协议另有约定外，普通合伙人转变为有限合伙人，或者有限合伙人转变为普通合伙人，应当经全体合伙人一致同意。有限合伙人转变为普通合伙人的，对其作为有限合伙人期间有限合伙企业发生的债务承担无限连带责任。普通合伙人转变为有限合伙人的，对其作为普通合伙人期间合伙企业发生的债务承担无限连带责任。

【任务实施】

（1）完成代理记账师岗位基础与认知（CMAC四级）配套章节练习。

（2）完成代理记账师岗位基础与认知（CMAC 四级）平台任务（参考 CMAC 试题操作指南）。

任务四　合伙企业的解散和清算

【任务描述】

（1）了解合伙企业的解散；
（2）了解合伙企业的清算。

【知识储备】

一、合伙企业的解散

合伙企业的解散是指各合伙人解除合伙协议，合伙企业终止活动。
根据《合伙企业法》的规定，合伙企业有下列情形之一的，应当解散：
（1）合伙期限届满，合伙人决定不再经营。
（2）合伙协议约定的解散事由出现。
（3）全体合伙人决定解散。
（4）合伙人已不具备法定人数满 30 天。
（5）合伙协议约定的合伙目的已经实现或者无法实现。
（6）依法被吊销营业执照、责令关闭或者被撤销。
（7）法律、行政法规规定的其他原因。

二、合伙企业的清算

合伙企业解散的，应当进行清算。《合伙企业法》对合伙企业清算有以下规定：

（一）确定清算人

合伙企业解散，应当由清算人进行清算。清算人由全体合伙人担任；经全体合伙人过半数同意，可以自合伙企业解散事由出现后 15 日内指定一个或者数个合伙人，或者委托第三人担任清算人。自合伙企业解散事由出现之日起 15 日内未确定清算人的，合伙人或者其他利害关系人可以申请人民法院指定清算人。

（二）清算人的职责

清算人在清算期间执行下列事务：①清理合伙企业财产，分别编制资产负债表和财产清单；②处理与清算有关的合伙企业未了结事务；③清缴所欠税款；④清理债权、债务；⑤处理合伙企业清偿债务后的剩余财产；⑥代表合伙企业参加诉讼或者仲裁活动。

（三）通知和公告债权人

清算人自被确定之日起 10 日内将合伙企业解散事项通知债权人，并于 60 日内在报纸上公告。债权人应当自接到通知书之日起 30 日内，未接到通知书的自公告之日起 45 日内，向清算人申报债权。债权人申报债权，应当说明债权的有关事项，并提供证明材料。清算人应当对债权进行登记。清算期间，合伙企业存续，但不得开展与清算无关的经营活动。

（四）财产清偿顺序

合伙企业财产在支付清算费用和职工工资、社会保险费用、法定补偿金以及缴纳所欠税款、清偿债务后的剩余财产，依照《合伙企业法》关于利润分配和亏损分担的规定进行分配。

合伙企业财产清偿问题主要包括以下三方面内容：

1. 首先用于支付合伙企业的清算费用

管理合伙企业财产的费用，如仓储费、保管费、保险费等；处分合伙企业财产的费用，如聘任工作人员的费用；清算过程中的其他费用，如通告债权人的费用、调查债权的费用、咨询费用、诉讼费用等。

2. 支付清算费用后的清偿顺序

合伙企业职工工资、社会保险费用和法定补偿金（支付给职工的补偿金）；缴纳所欠税款；清偿债务。

3. 剩余财产的分配

合伙企业财产依法清偿后仍有剩余，按照合伙协议的约定进行分配；合伙协议未约定或约定不明确的，由合伙人协商决定；协商不成的，按照实缴出资比例进行分配；无法确定出资比例的，由合伙人平均分配。

（五）注销登记

清算结束，清算人应当编制清算报告，经全体合伙人签名、盖章后，在15日内向企业登记机关报送清算报告，申请办理合伙企业注销登记。经企业登记机关注销登记，合伙企业终止。合伙企业注销后，原普通合伙人对合伙企业存续期间的债务仍应承担无限连带责任。

（六）合伙企业不能清偿到期债务的处理

合伙企业不能清偿到期债务的，债权人可以依法向人民法院提出破产清算申请，也可以要求普通合伙人清偿。合伙企业依法被宣告破产的，普通合伙人对合伙企业的债务仍应承担无限连带责任。

（七）清算人法律责任

（1）清算人未依照《合伙企业法》的规定向企业登记机关报送清算报告，或者报送清算报告隐瞒重要事实，或者有重大遗漏的，由企业登记机关责令改正。由此产生的费用和损失，由清算人承担和赔偿。

（2）清算人执行清算事务，牟取非法收入或者侵占合伙企业财产的，应当将该收入和侵占的财产退还合伙企业；给合伙企业或者其他合伙人造成损失的，依法承担赔偿责任。

（3）清算人违反《合伙企业法》的规定，隐匿、转移合伙企业财产，对资产负债表或者财产清单做虚假记载，或者在未清偿债务前分配财产，损害债权人利益的，依法承担赔偿责任。

【任务实施】

（1）完成代理记账师岗位基础与认知（CMAC四级）配套章节练习。

（2）完成代理记账师岗位基础与认知（CMAC四级）平台任务（参考CMAC试题操作指南）。

【知识扩展】

从《中国合伙人》看中国式合伙

电影《中国合伙人》自上映起，票房一路飙升，里面的一句经典台词"不要和好朋友合伙开公司"，引发热议。如何看待中国式合伙呢？

第一件事：选择合作伙伴。对于创业而言，选择合作伙伴如同选择终身伴侣。其中最重要的标准是价值观一定要一致，这和女性用终身大事思维找对象是一样的。这样双方才可以同甘共苦，一直走下去，共同化解很多危机。合伙人价值观一致还有一个好处，就是即使彼此分开了，也不影响继续做朋友。我们会发现，今天凡是做得还可以的创业者，当初都有一些伙伴，这些伙伴没有变成他们发展过程中的负面因素，反而给了他们很大的帮助。

找合作伙伴时，要有超越金钱的想法，能够挣钱是最理想的，而不是一开始就完全是一件凑合的事儿。如果是一方有钱、另一方有关系，双方先对付着弄了，这事儿最后都会掰。所以找合作伙伴在价值观方面需要更多的审视、更多的讨论，不完全是一方有钱、另一方有关系、第三方有产品，最后凑合一块儿干。这样短时间可能还好，但是接下来会很麻烦。

十几个人可以做得很好，当然也有不需要伙伴，一开始就自己一个人做的。那时候更多的是一个英雄带领一群人，现在更多的是几个股东合伙做事。在几个人合伙的时候，整个价值观体系非常零散，价值观这件事重要在哪儿？重要之外就在于人和人之间相同又不同，坐在一块儿聊天、吃饭是相同的，出门思考的事、做出的判断都不一样。

价值观的感觉是什么？离得近看不出来，离得越远差距越大。

另外，经历的事越多，就会发现人与人之间的价值观差距是非常大的。大家开心是因为价值观一致，而不是赚了多少钱。选择创业伙伴相当于寻找一个在精神、未来发展方向以及生活方式上相契合的伙伴，所以是非常重要的。

第二件事：重视与伙伴的沟通。沟通方式很重要，因为在生活当中相处，第一件事就是沟通，而沟通有很多方法。在创业过程中，买卖本身就是比较烦心的事儿，创业伙伴之间的沟通就变成了"过日子"，最后都是因为沟通不好出了问题。

我们一方面需要沟通，另一方面沟通非常困难。不是说一方会说话、另一方会倾听就叫沟通。当语言沟通不够的时候，就可以用行为来缓解。比如两个人为一件事情争执，一方出去吃饭，给另一方打包回来，这就是行为，一方还是能够感觉到被关心的。创业伙伴之间的沟通，需要找到统一频道，这就是价值观。创业的时候，作为创业者，作为董事长或总经理，要注意这些细节。不注意这些事情，总是用自己的方式沟通，效果未必好。沟通有很多细节和技巧，一定要特别留神，一不留神，就会误判。

创业就像人生，公司长期发展就是相处，首先审视对方，直到变成终身伴侣；其次不能贪图一时的快乐，要在保证安全的情况下去寻求一生的幸福；最后，既然是相处，伙伴之间的沟通就非常重要，要习惯于沟通，用各种方式做到彼此理解。

第三件事：懂得控制风险。究竟是先快活后摆平，还是先安全后快活，这个很重要。做企业，究竟是想图一时之快，还是想在控制全部风险的情况下享受那种小乐趣？大快活和小乐趣有很大的不同，如果追求风险控制下的小喜悦，往往可以成功。工程师出身的创业者会在保证安全的情况下一点点做技术改进，能够取得成功。

在这个充满变化的时代，持续增长面临着严峻的挑战。在这个过程当中，企业，尤其是成长型企业，肩负着经济与社会可持续转型的重任。这要求中国的企业家们既要有历史眼光，又要具有前瞻性与创造性的思维方式；要求我们回到原点重新出发，思索商业本源价值。

项目四

个人独资企业法

任务一　个人独资企业概述

【任务描述】

（1）了解个人独资企业的概念和特点；

（2）了解个人独资企业法的概念和基本原则。

【知识储备】

一、个人独资企业的概念和特点

（一）个人独资企业的概念

个人独资企业是指依照《中华人民共和国个人独资企业法》（以下简称《个人独资企业法》）在中国境内设立，由一个自然人投资，财产为投资人个人所有，投资人以其个人财产对企业债务承担无限责任的经营实体。

（二）个人独资企业的特点

个人独资企业具有以下特点：

1. 个人独资企业是由一个自然人投资的企业

根据《个人独资企业法》的规定，设立个人独资企业只能是一个自然人，国家机关、国家授权投资的机构或者国家授权的部门、企业、事业单位等都不能作为个人独资企业的设立人。自然人本无国籍的含义，既包括中国公民，也应包括外国公民，但是《个人独资企业法》第四十七条规定，外商独资企业不适用本法，因此，《个人独资企业法》所指的自然人只指中国公民。关于作为个人独资企业投资人的自然人是否应同时具备权利能力和民事行为能力问题，各国规定不一，有的国家并不要求个人独资企业的投资人必须具备民事行为能力，只要具有权利能力就可以成为个人独资企业的出资人；有的国家则规定必须同时具备权利能力和民事行为能力。我国《个人独资企业法》对此未做明确规定。

2. 个人独资企业的投资人对企业的债务承担无限责任

由于个人独资企业的投资人是一个自然人，对企业的出资多少、是否追加资金或减少资金、采取什么样的经营方式等事项均由投资人决定。从权利和义务上看，出资人与企业是不可分割的。投资人对企业的债务承担无限责任，即当企业的资产不足以清偿到期债务时，投资人应以自己个人的全部财产用于清偿企业债务。

3. 个人独资企业的内部机构设置简单，经营管理方式灵活

个人独资企业的投资人既是企业的所有者，又可以是企业的经营者，因此，其内部机构的设置较为简单，决策程序也较为灵活。

4. 个人独资企业是非法人企业

个人独资企业由一个自然人出资，投资人对企业的债务承担无限责任，企业的责任即是投资人个人的责任，企业的财产即是投资人的财产。因此，个人独资企业不具有法人资格，也无独立承担民事责任的能力。但个人独资企业是独立的民事主体，可以自己的名义从事民事活动。

二、个人独资企业法的概念和基本原则

（一）个人独资企业法的概念

个人独资企业法有广义和狭义之分，广义的个人独资企业法，是指国家关于个人独资企业的各种法律规范的总称；狭义的个人独资企业法是指1999年8月30日第九届全国人大常委会第十一次会议通过的《个人独资企业法》，该法共六章四十八条。

（二）个人独资企业法的基本原则

我国《个人独资企业法》遵循下列基本原则：

1. 依法保护个人独资企业的财产和其他合法权益

个人独资企业的财产是指个人独资企业的财产所有权，包括对财产的占有、使用、处分和收益的权利；其他合法权益是指财产所有权以外的有关权益，如有关名称权、自主经营权、平等竞争权、拒绝摊派权等。

2. 个人独资企业从事经营活动必须遵守法律、行政法规，遵守诚实信用原则，不得损害社会公共利益

遵守法律法规是每个企业应尽的义务，企业只有遵守法律法规，才能保证生产经营活动的有序进行。个人独资企业遵守的诚实信用原则是我国民事活动的基本原则。诚实是指要客观真实，不欺人、不骗人；信用是指遵守承诺，并及时、全面履行承诺。企业只有诚实守信用，才能取得他人的信任，这既能增加企业的商业机会，也能树立企业形象，同时也是维护正常的社会经济秩序的需要。个人独资企业不得损害社会公共利益也是我国民法规定的民事活动中必须遵循的基本原则之一。个人独资企业在经营活动中，还必须遵守社会公德，不得滥用权力。

3. 个人独资企业应当依法履行纳税义务

依法纳税是每个公民和企业应尽的义务。个人独资企业在经营活动中应当依法缴纳国家税收法律、法规及规章规定的各项税款。

4. 个人独资企业应当依法招用职工

个人独资企业应严格依照《中华人民共和国劳动法》（以下简称《劳动法》）及有关规定招用职工。企业招用职工应当与职工签订劳动合同，劳动合同必须遵循平等自愿、协商一致的原则，并不得违反国家法律、法规和有关政策规定。企业应当遵守劳动保护制度，要依法制定劳动安全技术规程和劳动卫生规程，对女工和未成年工要给予特殊的劳动保护；企业应当遵守国家规定的社会保险与福利制度，如养老保险、失业保险、伤病保险等。

5. 个人独资企业职工的合法权益受法律保护

个人独资企业职工的自主签订合同权、合理的休息权、获取劳动报酬权、接受职业技能培训权、享受保险福利权等《劳动法》和其他有关法律规定的权利不受侵犯。个人独资企业职工依法建立工会，工会依法开展活动。

【任务实施】

（1）完成代理记账师岗位基础与认知（CMAC 四级）配套章节练习。

（2）完成代理记账师岗位基础与认知（CMAC 四级）平台任务（参考 CMAC 试题操作指南）。

任务二　个人独资企业投资人及事务管理

【任务描述】
（1）了解个人独资企业的投资人；
（2）了解个人独资企业的事务管理。

【知识储备】

一、个人独资企业的投资人

根据《个人独资企业法》的规定，个人独资企业的投资人为一个具有中国国籍的自然人，但法律、行政法规禁止从事营利性活动的人，不得作为投资人申请设立个人独资企业。根据我国有关法律和行政法规规定，国家公务员、党政机关领导干部、警官、法官、检察官、商业银行工作人员等人员，不得作为投资人申请设立个人独资企业。

个人独资企业投资人对本企业的财产依法享有所有权，其有关权利可以依法进行转让或继承。企业的财产不论是投资人的原始投入，还是经营所得，均归投资人所有。虽然个人独资企业投资人对企业的债务要承担无限责任，但是投资人的财产和企业财产是有区别的：一是投资人申办个人独资企业，要申报出资，这一出资的财产与投资人的其他财产不同；二是企业应有一定稳定独立的资金，这是企业生产经营的需要；三是将两者的财产加以区别，有利于计算企业的生产经营成果。

个人独资企业投资人在申请企业设立登记时，明确以其家庭共有财产作为个人出资的，应当依法以家庭共有财产对企业债务承担无限责任。由于出资人与其家庭的特殊关系，出资人的财产往往与其家庭财产难以划清。夫妻财产是共有财产，夫妻一方取得的财产为夫妻双方的共同财产，既然财产是共有的，收益也是共同所有，对债务也应以共有财产清偿；从其他家庭成员之间的关系看，家庭成员允许出资人将家庭财产用于投资办企业本身就意味着许诺将这部分财产用于承担风险，而出资人取得的收益也是全家共同享用，这就意味着个人独资企业的收益是家庭共同财产的一部分。

二、个人独资企业的事务管理

个人独资企业投资人可以自行管理企业事务，也可以委托或者聘用其他具有民事行为能力的人负责企业的事务管理。投资人委托或者聘用他人管理个人独资企业事务，应当与受托人或者被聘用的人签订书面合同。合同应订明委托的具体内容、授予的权利范围、受托人或者被聘用的人应履行的义务、报酬和责任等。受托人或者被聘用的人员应当履行诚信、勤勉义务，以诚实信用的态度对待投资人，对待企业，尽其所能依法保障企业利益，按照与投资人签订的合同负责个人独资企业的事务管理。

投资人对受托人或者被聘用的人员职权的限制，不得对抗善意第三人。所谓第三人，是指除受托人或被聘用的人员以外与企业发生经济业务关系的人。所谓善意第三人，是指第三人在就有关经济业务事项交往中，没有与受托人或者被聘用的人员串通，故意损害投资人的利益的人。个人独资企业的投资人与受托人或者被聘用的人员之间有关权利义务的限制只对受托人或者被聘用的人员有效，对第三人并无约束力，受托人或者被聘用的人员超出投资人的限制与善意第三人的有关业务交往应当有效。

我国《个人独资企业法》规定，投资人委托或者聘用的管理个人独资企业事务的人员不得从事下列行为：

（1）利用职务上的便利，索取或者收受贿赂。
（2）利用职务或者工作上的便利侵占企业财产。
（3）挪用企业的资金归个人使用或者借贷给他人。
（4）擅自将企业资金以个人名义或者以他人名义开立账户储存。
（5）擅自以企业财产提供担保。
（6）未经投资人同意，从事与本企业相竞争的业务。
（7）未经投资人同意，同本企业订立合同或者进行交易。
（8）未经投资人同意，擅自将企业商标或者其他知识产权转让给他人使用。
（9）泄露本企业的商业秘密。
（10）法律、行政法规禁止的其他行为。

【任务实施】

（1）完成代理记账师岗位基础与认知（CMAC 四级）配套章节练习。
（2）完成代理记账师岗位基础与认知（CMAC 四级）平台任务（参考CMAC 试题操作指南）。

任务三 个人独资企业的解散和清算

【任务描述】
（1）了解个人独资企业的解散；
（2）了解个人独资企业的清算。

【知识储备】

一、个人独资企业的解散

个人独资企业的解散是指个人独资企业终止活动使其民事主体资格消灭的行为；根据《个人独资企业法》第二十六条的规定，个人独资企业有下列情形之一时，应当解散：

（1）投资人决定解散。
（2）投资人死亡或者被宣告死亡，无继承人或者继承人决定放弃继承。
（3）被依法吊销营业执照。
（4）法律、行政法规规定的其他情形。

二、个人独资企业的清算

个人独资企业解散时，应当进行清算。《个人独资企业法》对个人独资企业清算做了如下规定：

1. 通知和公告债权人

《个人独资企业法》第二十七条规定，个人独资企业解散，由投资人自行清算或者由债权人申请人民法院指定清算人进行清算。投资人自行清算的，应当在清算前15日内书面通知债权人，无法通知的，应当予以公告。债权人应当在接到通知之日起30日内，未接到通知的应当在公告之日起60日内，向投资人申报其债权。

2. 财产清偿顺序

《个人独资企业法》第二十九条规定，个人独资企业解散的，财产应当按照下列顺序清偿：①所欠职工工资和社会保险费用；②所欠税款；③其他债务。

个人独资企业财产不足以清偿债务的，投资人应当以其个人的其他财产予以清偿。

3. 清算期间对投资人的要求

《个人独资企业法》第三十条规定，清算期间，个人独资企业不得开展与清算目的无关的经营活动。在按前述财产清偿顺序清偿债务前，投资人不得转移、隐匿财产。

4. 投资人的持续偿债责任

《个人独资企业法》第二十八条规定，个人独资企业解散后，原投资人对个人独资企业存续期间的债务仍应承担偿还责任，但债权人在5年内未向债务人提出偿债请求的，该责任消灭。

5. 注销登记

个人独资企业清算结束后，投资人或者人民法院指定的清算人应当编制清算报告，并于清算结束之日起15日内向原登记机关申请注销登记。个人独资企业申请注销登记，应当向登记机关提交下列文件：

（1）投资人或者清算人签署的注销登记申请书。

（2）投资人或者清算人签署的清算报告。

（3）国家工商行政管理局规定提交的其他文件。

登记机关应当在收到按规定提交的全部文件之日起15日内，做出核准登记或者不予登记的决定。予以核准的，发给核准通知书；不予核准的，发给企业登记驳回通知书。经登记机关注销登记，个人独资企业终止。个人独资企业办理注销登记时，应当交回营业执照。

【任务实施】

（1）完成代理记账师岗位基础与认知（CMAC 四级）配套章节练习。

（2）完成代理记账师岗位基础与认知（CMAC 四级）平台任务（参考 CMAC 试题操作指南）。

【知识扩展】

个体工商户、个人独资企业及一人有限责任公司的异同

一、个体工商户与个人独资企业的相同点

（1）承担的都是无限民事责任。

（2）都有个人财产承担民事责任与家庭财产承担民事责任的区别。

（3）都是以一个自然人名义投资成立的，该自然人是完全民事责任能

力人。

（4）都能成为公司的股东，但个体工商户只能以个人投资者身份成为公司股东，而个人独资企业可以企业名义享有公司股东的权利和义务。

二、个体工商户与个人独资企业的法律特征不同

1. 个体工商户

公民在法律允许的范围内，依法经核准登记，从事工商业经营的，为个体工商户。其在依法核准登记的范围内，享有从事个体工商业经营的民事权利能力和民事行为能力。个体工商户的正当经营活动受法律保护，对其经营的资产和合法收益，个体工商户享有所有权。个体工商户可以在银行开设账户，向银行申请贷款，有权申请商标专用权，有权签订劳动合同及请帮工、带学徒，还享有起字号、刻印章的权利。

个体工商户具有以下法律特征：

（1）个体工商户是从事工商业经营的自然人或家庭。自然人或以个人为单位，或以家庭为单位从事工商业经营，均为个体工商户。根据法律有关政策，可以申请个体工商户经营的主要是城镇待业青年、社会闲散人员和农村村民。国家机关干部、企事业单位职工，不能申请从事个体工商业经营。

（2）自然人从事个体工商业经营必须依法核准登记。个体工商户的登记机关是县以上工商行政管理机关。个体工商户经核准登记，取得营业执照后，才可以开始经营。个体工商户转业、合并、变更登记事项或歇业，也应办理登记手续。

（3）个体工商户可以起字号，并因而享有对字号的名称权。

2. 个人独资企业

个人独资企业是按照个人独资企业法成立，由一个自然人投资，财产为投资人个人所有，投资人以其个人财产对企业债务承担无限责任的经营实体。作为一个自然人企业，投资者对于企业的经营风险负无限连带责任。也就是说，个人独资企业根本不是企业法人，更谈不上公司法人。

个人独资企业具有以下法律特征：

（1）个人独资企业的出资人是一个自然人。该自然人应当具有完全民事行为能力，并且不能是法律、行政法规禁止从事营利性活动的人。

（2）个人独资企业的财产归投资人个人所有。这里的企业财产不仅包括企业成立时投资人投入的初始财产，而且包括企业存续期间积累的财产。投资人是个人独资企业财产的唯一合法所有者。

（3）投资人以其个人财产对企业债务承担无限责任。这是个人独资企业的重要特征。也就是说，当投资人申报登记的出资不足以清偿个人独资企业经营所负的债务时，投资人就必须以其个人财产甚至是家庭财产来清偿债务。

（4）个人独资企业是非法人资格。个人独资企业由一个自然人出资，投资人对企业的债务承担无限责任，在权利义务上，企业和个人是融为一体的，企业的责任即是投资人的责任，企业的财产即是投资人的财产。因此，个人独资企业不具有法人资格，也无法承担民事责任。但它具有独立的民事主体，可以自己的名义从事民事活动。

三、个体工商户、个人独资企业和一人有限公司出资人不同

（1）个体工商户，既可以由一个自然人出资设立，也可以由家庭共同出资设立。只有在家庭经营的组成形式下才能变更经营者姓名，而且必须是家庭成员。

（2）个人独资企业，出资人只能是一个自然人。可以变更投资人姓名。

（3）一人有限公司，由一名自然人股东或一名法人股东投资设立。

四、个体工商户、个人独资企业和一人有限公司货币出资方式及比例要求不同

（1）个人独资企业及个体工商户。对于出资类型，即货币资金或非货币资金占投资人申报出资的比例，我国法律并没有做出强制性规定。

（2）一人有限公司。股东可以用货币出资，也可以用实物、知识产权、土地使用权等可以用货币估价并可以依法转让的非货币财产作价出资。

五、个体工商户、个人独资企业和一人有限公司经营特征不同

（1）个体工商户。投资者与经营者必须为同一人，即投资设立个体工商户的自然人。资产属于私人所有，自己既是所有者，也是劳动者和管理者。

（2）个人独资企业。财产为投资人个人所有，业主既是投资者，又是经营管理者。投资人可以委托或聘用他人管理个人独资企业事务，即所有权与经营权可以分离，这就决定了个人独资企业更符合现代企业制度的特征。

（3）一人有限公司。不能投资设立新的一人有限责任公司，不设股东会。股东做出决定时，应当采用书面形式，并由股东签名后置备于公司。

六、对外承担责任的财产范围不同

（1）个体工商户。根据我国《中华人民共和国民法通则》（以下简称《民法通则》）和现行司法解释的规定，就承担的责任性质而言，个体工商户对所负债务承担的是无限清偿责任，即不以投入经营的财产为限，而应

以其所有的全部财产承担责任。是个人经营的，以个人财产承担；是家庭经营的，以家庭财产承担。当然，无论是以个人财产还是家庭财产承担责任，都应当保留其生活必需品和必要的生产工具。

（2）个人独资企业。个人独资企业的出资人在一般情况下仅以其个人财产对企业债务承担无限责任，只是在企业设立登记时明确以家庭共有财产作为个人出资的，才依法以家庭共有财产对企业债务承担无限责任。

（3）一人有限公司。根据《公司法》规定，一人有限责任公司的股东仅以其投资为限对公司债务承担有限责任。这也是一人公司作为独立法人实体的一个突出表现。但如果一人有限责任公司的股东不能证明公司财产独立于股东自己的财产的，应当对公司债务承担连带责任。

项目五

合同法律制度

任务一　合同的基本概念

【任务描述】
(1) 了解合同与合同法；
(2) 了解合同的分类；
(3) 了解合同的相对性。

【知识储备】

一、合同与合同法

(一) 合同

合同，又称为契约、协议，是平等的当事人之间设立、变更、终止民事权利义务关系的协议。合同作为一种民事法律行为，是当事人协商一致的产物，是两个以上的意思表示相一致的协议。只有当事人所做出的意思表示合法，合同才具有法律约束力。依法成立的合同从成立之日起生效，具有法律约束力。

（二）合同法

合同法是调整平等主体之间商品交换关系的法律规范的总称，旨在保护合同当事人的合法权益，维护社会经济秩序，促进社会主义现代化建设。我国于1999年3月15日第九届全国人民代表大会第二次会议通过颁布《中华人民共和国合同法》（以下简称《合同法》）。在我国，《合同法》是调整平等主体之间交易关系的法律，它主要规定合同的订立、合同的效力及合同的履行、变更、解除、保全、违约责任等问题。

《合同法》具有以下特征：

（1）《合同法》是私法。合同作为一种法律事实，是当事人自由约定、协商一致的结果。如果当事人之间的约定合法，则这些约定在当事人之间产生相当于法律的效力。

（2）《合同法》是自治法。《合同法》主要是通过任意性法律规范而不是强制性法律规范调整合同关系。《合同法》通过任意性规范或引导当事人的行为，或补充当事人意思的不完整。《合同法》对当事人意思自治的限制，即《合同法》中的强制性规范，被严格限制在合理与必要的范围之内。

（3）《合同法》是财产交易法。《合同法》主要调整财产的流转关系，即从动态角度为财产关系提供法律保护。

（三）《合同法》的适用范围

虽然根据《合同法》第二条的规定，平等主体之间有关民事权利义务关系设立、变更、终止的协议均在《合同法》的调整范围，但根据《合同法》第二条第二款的规定，婚姻、收养、监护等有关身份关系的协议，不适用《合同法》的调整。

另外，在涉外合同中，能否适用《合同法》的规定要根据具体情况分析。原则上，涉外合同的当事人可以选择处理合同争议所适用的法律，但法律另有规定的除外。涉外合同的当事人对此没有选择的，适用与合同有最密切联系的国家的法律。但在中华人民共和国境内履行的中外合资经营企业合同、中外合作经营企业合同、中外合作勘探开发自然资源合同，只能适用中华人民共和国法律。

二、合同的分类

根据不同的分类标准，可将合同分为不同的种类。合同的分类有助于正确理解法律、订立和履行合同，有助于正确地适用法律处理合同纠纷，还可对合同法律制度的完善起到促进作用。通常，在立法与合同法理论上对合同做以下分类：

（一）有名合同与无名合同

根据《合同法》或者其他法律是否对合同规定有确定的名称与调整规则为标准，可将合同分为有名合同与无名合同。有名合同是立法上规定了确定名称与规则的合同，又称典型合同。如《合同法》在分则中规定的买卖合同、赠予合同、借款合同、租赁合同等各类合同。无名合同是立法上尚未规定有确定名称与规则的合同，又称非典型合同。区分两者的法律意义在于法律适用的不同。有名合同可直接适用《合同法》分则中关于该种合同的具体规定。对无名合同则只能在适用《合同法》总则中规定的一般规则的同时，参照该法分则或者其他法律中最相类似的规定执行。

（二）单务合同与双务合同

根据合同当事人是否相互负有对价义务为标准，可将合同分为单务合同与双务合同。此处的对价义务并不要求双方的给付价值相等，而只是要求双方的给付具有相互依存、相互牵连的关系即可。单务合同是指仅有一方当事人承担义务的合同，如赠予合同。双务合同是指双方当事人互负对价义务的合同，如买卖合同、承揽合同、租赁合同等。区分两者的法律意义在于：双务合同中当事人之间的给付义务具有依存和牵连关系，故双务合同中存在同时履行抗辩权和风险负担的问题，而单务合同则无这些问题。

（三）诺成合同与实践合同

根据合同成立除当事人的意思表示以外，是否还要其他现实给付为标准，可以将合同分为诺成合同与实践合同。诺成合同是指当事人意思表示一致即可认定合同成立的合同。实践合同是指在当事人意思表示一致以外，尚需有实际交付标的物或者有其他现实给付行为才能成立的合同。确认某种合同属于实践合同必须法律有规定或者当事人之间有约定。常见的实践合同有保管合同、自然人之间的借贷合同、定金合同。根据《合同法》及《物权法》的规定，赠予合同、质押合同不再是实践合同。

区分两者的法律意义在于：除了两种合同的成立要件不同以外，实践合同中作为合同成立要件的给付义务的违反不产生违约责任，而只是一种缔约过失责任。

三、合同的相对性

合同法律关系是特定当事人之间的法律关系，与物权法律关系中物权的绝对性相对应，合同法律关系具有相对性特征。合同的相对性，是指合同主要在特定的合同当事人之间发生权利义务关系，当事人只能基于合同向另一方当事人提出请求或提起诉讼，不能向无合同关系的第三人提出合同上的请求，也不能擅自为第三人设定合同上的义务。合同的相对性可以拓展为"债的相对性"。

合同的相对性主要体现在如下四个方面：

（一）主体的相对性

主体的相对性，是指合同关系只能发生在特定的主体之间，只有合同的一方当事人能够向合同的另一方当事人基于合同提出请求或提起诉讼。具体又包括：

（1）只有合同关系当事人相互之间才能提出合同上的请求，合同关系以外的第三人，不能依据合同提出请求或者提起诉讼。

（2）合同关系当事人不能向第三人提出合同上的请求及诉讼。

（二）内容的相对性

内容的相对性，是指除法律、合同另有规定以外，只有合同当事人才能享有某个合同所规定的权利，并承担该合同规定的义务，任何第三人不能主张合同上的权利。在双务合同中，合同内容的相对性还表现在一方的权利就是另一方的义务，而因为另一方承担义务才使一方享有权利，权利义务是相互对应的。因此，权利人的权利须依赖于义务人履行义务的行为才能实现。从合同内容的相对性原理，可以引出如下几项具体规则：

（1）合同规定由当事人享有的权利，原则上并不及于第三人。

（2）合同当事人无权为第三人设定合同上的义务。

（3）合同权利与义务主要对合同当事人产生约束力。

（三）责任的相对性

责任的相对性，是指合同责任只能在特定的当事人之间，即合同关系的当事人之间发生，合同关系以外的人不负违约责任。合同责任的相对性要求是：①违约当事人应对违约后果承担违约责任，违约当事人同样应当对履行辅助人的行为负责；②在因第三人的行为造成债务不能履行的情况下，债务人仍应向债权人承担违约责任；③债务人只能向合同中的债权人承担违约责任，而不应向国家或第三人承担违约责任。

（四）合同相对性的例外

虽然合同关系具有相对性，但因为"物权化"或者保障债权实现，这种相对性在一定条件下可能会被打破。从《合同法》的规定来看，下列情形均属于合同相对性原则的例外：

（1）《合同法》第七十三条、第七十四条关于债的保全的规定突破了合同的相对性,使得债权人可以向合同关系以外的第三人提起诉讼,主张权利。

(2)《合同法》第二百二十九条"所有权让与不破租赁"的规定,使得租赁合同的承租人可以以自己的租赁权对抗新的所有权人,突破了合同关系的相对性。

(3)《合同法》第二百七十二条第二款、第三百一十三条关于分包人与承包人共同对发包人承担连带责任、单式联运合同中某一区段的承运人与总的承运人共同向托运人承担连带责任的规定,也都突破了合同的相对性。因为实际上在这两种合同中,分包人与发包人,托运人与某一区段的承运人之间并无合同关系。

【任务实施】

(1)完成代理记账师岗位基础与认知(CMAC 四级)配套章节练习。

(2)完成代理记账师岗位基础与认知(CMAC 四级)平台任务(参考 CMAC 试题操作指南)。

任务二　合同的订立

【任务描述】

(1)了解合同的订立程序;
(2)了解合同成立的时间与地点;
(3)了解格式条款;
(4)了解免责条款;
(5)了解缔约过失责任。

【知识储备】

一、合同订立程序

当事人订立合同应当具备相应的资格,即应具有相应的民事权利能力和民事行为能力。除依据合同性质不能代理的以外，当事人可以委托代理人订立合同。当事人订立合同，可以采取书面形式、口头形式和其他形式。合同采用书面形式对于固定证据、警告当事人郑重其事、区分磋商与缔约两个阶段均有重要意义。采用口头形式的合同虽方便易行，但缺点是发生争议时难以举证确认责任，不够安全。当事人未以书面形式或口头形式订立合同，但从双方从事的民事行为能够推定双方有订立合同意愿的，除法律另有规定外，人民法院可以认定是以"其他形式"订立的合同。

当事人订立合同的一般程序包括要约、承诺两个阶段。

（一）要约

要约是指希望和他人订立合同的意思表示。要约可以向特定人发出，也可以向非特定人发出。根据《合同法》的规定，该意思表示应当符合下列规定：①内容具体确定，此项条件要求该意思表示已经具备了未来合同的必要内容；②表明经受要约人承诺，要约人即受该意思表示的约束。

1. 要约邀请

要约邀请是希望他人向自己发出要约的意思表示。寄送的价目表、拍卖公告、招标公告、招股说明书、商业广告等，性质均为要约邀请。但若商业广告的内容符合要约的规定，如悬赏广告，则视为要约。

2. 要约的生效时间

要约到达受要约人时生效。采用数据电文形式订立合同，收件人指定特定系统接收数据电文的，该数据电文进入该特定系统的时间，视为到达时间；未指定特定系统的，该数据电文进入收件人的任何系统的首次时间，视为到达时间。

3. 要约的撤回与撤销

要约可以撤回。撤回要约的通知应当在要约到达受要约人之前或者与要约同时到达受要约人。撤回要约是在要约尚未生效的情形下发生的。如果要约已经生效，则非要约的撤回，而是要约的撤销。

要约也可以撤销。撤销要约的通知应当在受要约人发出承诺通知之前到达受要约人。但下列情形下的要约不得撤销：

（1）要约人确定了承诺期限的。

（2）以其他形式明示要约不可撤销的。

（3）受要约人有理由认为要约是不可撤销的，并已经为履行合同做了准备工作。

4. 要约的失效

有下列情形之一的，要约失效：

（1）拒绝要约的通知到达要约人。

（2）要约人依法撤销要约。
（3）承诺期限届满，受要约人未做出承诺。
（4）受要约人对要约的内容做出实质性变更。

（二）承诺

承诺是受要约人同意要约的意思表示。承诺应当由受要约人向要约人做出，并在要约确定的期限内到达要约人。

1. 承诺期限

要约确定的期限称为承诺期限。对于承诺期限的起算，法律规定：要约以信件或者电报做出的，承诺期限自信件载明的日期或者电报交发之日开始计算。信件未载明日期的，自投寄该信件的邮戳日期开始计算。要约以电话、传真等快速通信方式做出的，承诺期限自要约到达受要约人时开始计算。

要约没有确定承诺期限的，承诺应当依照下列规定到达：

（1）要约以对话方式做出的，应当即时做出承诺，但当事人另有约定的除外。

（2）要约以非对话方式做出的，承诺应当在合理期限内到达。所谓合理期限，是指依通常情形可期待承诺到达的期间，一般包括要约到达受要约人的期间、受要约人做出承诺的期间、承诺通知到达要约人的期间。

2. 承诺的生效时间

承诺自通知到达要约人时生效。承诺不需要通知的，自根据交易习惯或者要约的要求做出承诺的行为时生效。采用数据电文形式订立合同，收件人指定特定系统接收数据电文的，该数据电文进入该特定系统的时间，视为承诺到达时间；未指定特定系统的，该数据电文进入收件人的任何系统的首次时间，视为承诺到达时间。承诺生效时合同成立。

3. 承诺的撤回

承诺人发出承诺后反悔的，可以撤回承诺，其条件是撤回承诺的通知应当在承诺通知到达要约人之前或者与承诺通知同时到达要约人，即在承诺生效前到达要约人。承诺生效，合同成立。因此，承诺不存在撤销的问题。

4. 承诺的迟延与迟到

受要约人超过承诺期限发出承诺的，为迟延承诺，除要约人及时通知受要约人该承诺有效的以外，迟延的承诺应视为新要约。受要约人在承诺期限内发出承诺，按照通常情形能够及时到达要约人，但因其他原因使承诺到达要约人时超过承诺期限的，为迟到承诺，除要约人及时通知受要约人因承诺超过期限不接受该承诺的以外，迟到的承诺为有效承诺。

5. 承诺的内容

承诺的内容应当与要约的内容一致，但在实践中，受要约人可能对要约的文字乃至内容做出某些修改，此时承诺是否具有法律效力需根据具体情况予以确认。《合同法》规定，受要约人对要约的内容做出实质性变更的，为新要约。有关合同标的、数量、质量、价款或者报酬、履行期限、履行地点和方式、违约责任和解决争议方法等内容的变更，是对要约内容的实质性变更。承诺对要约的内容做出非实质性变更的，除要约人及时表示反对或者要约表明承诺不得对要约的内容做出任何变更的以外，该承诺有效，合同的内容以承诺的内容为准。

二、合同成立的时间与地点

（一）合同成立的时间

由于合同订立方式的不同，合同成立的时间也有不同：

（1）承诺生效时合同成立。这是大部分合同成立的时间标准。

（2）当事人采用合同书形式订立合同的，自双方当事人签字或者盖章时合同成立。如双方当事人未同时在合同书上签字或盖章，则以当事人中最后一方签字或盖章的时间为合同的成立时间。

（3）当事人采用信件、数据电文等形式订立合同的，可以要求在合同成立之前签订确认书。签订确认书时合同成立。

（二）合同成立的地点

由于合同订立方式的不同，合同成立地点的确定标准也有不同：

（1）承诺生效的地点为合同成立的地点。这是大部分合同成立的地点标准。

（2）采用数据电文形式订立合同的，收件人的主营业地为合同成立的地点；没有主营业地的，其经常居住地为合同成立的地点。当事人另有约定的，按照其约定。

（3）当事人采用合同书形式订立合同的，双方当事人签字或者盖章的地点为合同成立的地点。如双方当事人未在同一地点签字或盖章，则以当事人中最后一方签字或盖章的地点为合同成立的地点。

（4）采用书面形式订立合同，合同约定的签订地与实际签字或者盖章地点不符的，约定的签订地为合同签订地；合同没有约定签订地，双方当事人签字或者盖章不在同一地点的，最后签字或者盖章的地点为合同签订地。

三、格式条款

格式条款是指一方当事人为了与不特定多数人订立合同重复使用而单方预先拟定,并在订立合同时不允许对方协商变更的条款。格式条款的适用可以简化签约程序,加快交易速度,减少交易成本,避免道德风险,往往有利于交易双方当事人。但是,由于格式条款是由一方当事人事先拟定的,且在合同谈判中不容对方协商修改,条款内容难免有不公平之处。所以《合同法》对格式条款的效力及解释有特别规定,以保证合同相对人的合法权益。

(1)采用格式条款订立合同的,提供格式条款的一方应当遵循公平原则确定当事人之间的权利和义务,并采取合理的方式提请对方注意免除或者限制其责任的条款,按照对方的要求,对该条款予以说明。提供格式条款一方对已尽合理提示及说明义务承担举证责任。

(2)格式条款具有《合同法》规定的合同无效和免责条款无效的情形,或者提供格式条款一方免除其责任、加重对方责任、排除对方主要权利的,该条款无效。

(3)对格式条款的理解发生争议的,应当按照字面含义及通常理解予以解释。对格式条款有两种以上解释的,应当做出不利于提供格式条款一方的解释。格式条款和非格式条款不一致的,应当采用非格式条款。

四、免责条款

免责条款是指合同当事人在合同中规定的排除或限制一方当事人未来责任的条款。基于合同自由原则,对双方当事人自愿订立的免责条款,尤其是事后订立的免责条款,法律原则上不加干涉。但如事先约定的免责条款明显违反诚实信用原则及社会公共利益的,则法律规定其为无效。《合同法》规定,合同中的下列免责条款无效:①造成对方人身伤害的;②因故意或者重大过失造成对方财产损失的。

五、缔约过失责任

缔约过失责任,亦称缔约过错责任,是指当事人在订立合同过程中,因故意或者过失致使合同未成立、未生效、被撤销或无效,给他人造成损失而应承担的损害赔偿责任。

(1)《合同法》规定,当事人在订立合同过程中有下列情形之一,给对方造成损失的,应当承担损害赔偿责任:

1)假借订立合同,恶意进行磋商。

2）故意隐瞒与订立合同有关的重要事实或者提供虚假情况。

3）当事人泄露或者不正当地使用在订立合同过程中知悉的商业秘密。

4）有其他违背诚实信用原则的行为。

（2）缔约过失责任与违约责任之间的区别如下：

1）两种责任产生的时间不同。缔约过失责任发生在合同成立之前；而违约责任产生于合同生效之后。

2）适用的范围不同。缔约过失责任适用于合同未成立、合同未生效、合同无效等情况；违约责任适用于生效合同。

3）赔偿范围不同。缔约过失责任赔偿的是信赖利益的损失；而违约责任赔偿的是可期待利益的损失。可期待利益的损失要大于或者等于信赖利益的损失。

【任务实施】

（1）完成代理记账师岗位基础与认知（CMAC 四级）配套章节练习。

（2）完成代理记账师岗位基础与认知（CMAC 四级）平台任务（参考 CMAC 试题操作指南）。

任务三　合同的效力

【任务描述】

（1）了解合同的生效；

（2）了解效力待定的合同。

【知识储备】

一、合同的生效

合同的生效，是指已依法成立的合同，发生相应的法律效力。合同生效不同于合同成立。合同成立是一个事实问题，考察当事人之间是否有适格要约和承诺。合同生效是一个价值判断，考察当事人之间的合同是否符合法律，能否发生法律所认可的效力。

《合同法》根据合同类型的不同，分别规定了不同的合同生效时间：

（1）依法成立的合同，原则上自成立时生效。

（2）法律、行政法规规定应当办理批准、登记等手续生效的，在依照其规定办理批准、登记等手续后生效。依照法律、行政法规的规定经批准或者登记才能生效的合同成立后，有义务办理申请批准或者申请登记等手续的一方当事人未按照法律规定或者合同约定办理申请批准或者未申请登记的，人民法院可以根据案件的具体情况和相对人的请求，判决相对人自己办理有关手续；对方当事人对由此产生的费用和给相对人造成的实际损失，应当承担损害赔偿责任。

（3）法律、行政法规规定合同应当办理登记手续，但未规定登记后生效的，当事人未办理登记手续不影响合同的效力，但合同标的所有权及其他物权不能转移。根据《物权法》的规定，需要办理登记的抵押合同及商品房买卖合同均属于这类合同，即未登记不影响合同的生效，只影响物权的设立或者转移。

（4）当事人对合同的效力可以附条件或者附期限。附生效条件的合同，自条件成就时生效。附解除条件的合同，自条件成就时失效。当事人为自己的利益不正当地阻止条件成就的，视为条件已成就；不正当地促成条件成就的，视为条件不成就。附生效期限的合同，自期限届至时生效。附终止期限的合同，自期限届满时失效。

二、效力待定的合同

效力待定的合同，是指合同订立后尚未生效，须经权利人追认才能生效的合同。追认的意思表示自到达相对人时生效，合同自订立时起生效。效力待定合同主要有以下几种类型：

（一）限制民事行为能力人独立订立的与其年龄、智力、精神状况不相适应的合同

《合同法》规定，限制民事行为能力人订立的合同，经法定代理人追认后，该合同有效，但纯获利益的合同或者与其年龄、智力、精神健康状况相适应而订立的合同，不必经法定代理人追认。

法定代理人的追认权性质上属于形成权。仅凭其单方面意思表示就可以使得效力待定的合同转化为有效合同。

法律在保护限制民事行为能力人合法权益的同时，为避免合同相对人的利益因为合同效力待定而受损，特别规定了相对人的催告权和善意相对人的撤销权。相对人可

以催告法定代理人在一个月内予以追认。法定代理人未做表示的，视为拒绝追认。合同被追认之前，善意相对人有撤销的权利。撤销应当以通知的方式做出。其中的"善意"是指相对人在订立合同时不知道与其订立合同的人欠缺相应的行为能力。

（二）无权代理人订立的合同

行为人没有代理权、超越代理权或者代理权终止后以被代理人名义订立的合同，未经被代理人追认，对被代理人不发生效力，由行为人承担责任。相对人可以催告被代理人在一个月内予以追认。被代理人未做表示的，视为拒绝追认。被代理人已经开始履行合同义务的，视为对合同的追认。合同被追认之前，善意相对人有撤销的权利。撤销应当以通知的方式做出。但是在表见代理中，出于对相对人和交易安全的保护，无权（表见）代理人订立的合同有效，对被代理人发生法律效力。

（三）无处分权人订立的合同

无处分权的人处分他人财产，经权利人追认或者无处分权的人订立合同后取得处分权的，该合同有效。在买卖合同情形，根据《关于审理买卖合同纠纷案件适用法律问题的解释》（以下简称《买卖合同解释》）第三条规定，当事人一方以出卖人在缔约时对标的物没有所有权或者处分权为由主张合同无效的，人民法院不予支持。出卖人因未取得所有权或者处分权致使标的物所有权不能转移，买受人要求出卖人承担违约责任或者要求解除合同并主张损害赔偿的，人民法院应予支持。故出卖人没有所有权或者处分权的情形，买卖合同原则上仍属于有效合同。在出卖人就同一标的物订立多重买卖合同的情形，如果合同均不具有《合同法》第五十二条规定的无效情形，买受人因不能按照合同约定取得标的物所有权，可以请求追究出卖人违约责任。《合同法》第五十二条规定的无效情形如下：

（1）一方以欺诈、胁迫的手段订立合同，损害国家利益。
（2）恶意串通，损害国家、集体或者第三人利益。
（3）以合法形式掩盖非法目的。
（4）损害社会公共利益。
（5）违反法律、行政法规的强制性规定。

【任务实施】
（1）完成代理记账师岗位基础与认知（CMAC四级）配套章节练习。
（2）完成代理记账师岗位基础与认知（CMAC四级）平台任务（参考CMAC试题操作指南）。

任务四　合同的履行

【任务描述】

（1）了解合同的履行规则；
（2）了解双务合同履行中的抗辩权；
（3）了解代位权；
（4）了解撤销权。

【知识储备】

一、合同的履行规则

（一）约定不明时合同内容的确定规则

合同生效后，合同的双方当事人应当正确、适当、全面地完成合同中规定的各项义务。在合同的履行中，当事人应当遵循诚实信用原则，根据合同的性质、目的和交易习惯履行通知、协助、保密等义务。

合同生效后，当事人就质量、价款或者报酬、履行地点等内容没有约定或者约定不明确的，可以协议补充；不能达成补充协议的，按照合同有关条款或者交易习惯确定。依照上述规则仍不能确定的，依照下列规则确定：

（1）质量要求不明确的，按照国家标准、行业标准履行；没有国家标准、行业标准的，按照通常标准或者符合合同目的的特定标准履行。

（2）价款或者报酬不明确的，按照订立合同时履行地的市场价格履行；依法应当执行政府定价或者政府指导价的，按照规定履行。

（3）履行地点不明确，给付货币的，在接受货币一方所在地履行；交付不动产的，在不动产所在地履行；其他标的，在履行义务一方所在地履行。

（4）履行期限不明确的，债务人可以随时履行，债权人也可以随时要求履行，但应当给对方必要的准备时间。

（5）履行方式不明确的，按照有利于实现合同目的的方式履行。

（6）履行费用的负担不明确的，由履行义务一方负担。合同生效后，当事人不得因姓名、名称的变更或者法定代表人、负责人、承办人的变动而不履行合同义务。

（二）向第三人履行和由第三人履行

合同虽是特定主体之间的法律行为，但是合同作为一种交易关系，往往是连续交易关系中的一个环节，因此，在合同的履行中常常会涉及第三人，如当事人约定由债务人向第三人履行或由第三人向债权人履行。为保障涉及第三人的合同履行中各方当事人的正当权益，《合同法》规定，当事人约定由债务人向第三人履行债务的，债务人未向第三人履行债务或者履行债务不符合约定，应当向债权人承担违约责任。当事人约定由第三人向债权人履行债务的，第三人不履行债务或者履行债务不符合约定，债务人应当向债权人承担违约责任。从这两个规定来看，对于向第三人履行和由第三人履行，《合同法》严格遵循合同的相对性规则，并不将参与履行的第三人作为合同相对人对待，使其既不承担合同项下的义务，也不享有合同项下的权利。

（三）中止履行、提前履行与部分履行

（1）中止履行。债权人分立、合并或者变更住所没有通知债务人，致使履行债务发生困难的，债务人可以中止履行或者将标的物提存。

（2）提前履行。债权人可以拒绝债务人提前履行债务，但提前履行不损害债权人利益的除外。债务人提前履行债务给债权人增加的费用，由债务人负担。

（3）债权人可以拒绝债务人部分履行债务，但部分履行不损害债权人利益的除外。债务人部分履行债务给债权人增加的费用，由债务人负担。

二、双务合同履行中的抗辩权

双务合同中的双方当事人互为债权人和债务人，双方的履行给付具有牵连性，为了体现双方权利义务的对等及保护交易安全，《合同法》为双务合同的债务人规定了同时履行抗辩权、先履行抗辩权和不安抗辩权三种履行抗辩权，使得债务人可以在法律规定的情况下保留给付以对抗相对人的请求权。

（一）同时履行抗辩权

同时履行抗辩权，是指双务合同的当事人应同时履行义务的，一方在对方未履行前，有拒绝对方请求自己履行合同的权利。《合同法》规定，当事人互负债务，没有先后履行顺序的，应当同时履行。一方在对方履行之前有权拒绝其对自己提出的履行要求。一方在对方履行债务不符合约定时，有权拒绝其相应的履行要求。

（二）先履行抗辩权

先履行抗辩权，是指双务合同中应当先履行义务的一方当事人未履行时，另一方当事人有拒绝对方请求履行的权利。《合同法》规定，当事人互负债务，有先后履行顺序，先履行一方未履行的，后履行一方有权拒绝其履行要求。先履行一方履行债务不符合约定的，后履行一方有权拒绝其相应的履行要求。

（三）不安抗辩权

不安抗辩权，是指双务合同中应先履行义务的一方当事人，有确切证据证明相对人财产明显减少或欠缺信用，不能保证对待给付时，有暂时中止履行合同的权利。《合同法》规定，应当先履行债务的当事人，有确切证据证明对方有下列情形之一的，可以中止履行：

（1）经营状况严重恶化。
（2）转移财产、抽逃资金，以逃避债务。
（3）丧失商业信誉。
（4）有丧失或者可能丧失履行债务能力的其他情形。

主张不安抗辩权的当事人如果没有确切证据中止履行的，则应当承担违约责任。

当事人行使不安抗辩权中止履行的，应当及时通知对方。对方提供适当担保时，应当恢复履行。中止履行后，对方在合理期限内未恢复履行能力并且未提供适当担保的，中止履行的一方可以解除合同。

三、代位权

代位权，是指债务人怠于行使其对第三人（次债务人）享有的到期债权，危及债权人债权实现时，债权人为保障自己的债权，可以自己的名义代位行使债务人对次债务人的债权的权利。

代位权与撤销权共同构成合同的保全制度。合同的保全是合同的一般担保，是指为了保护一般债权人不因债务人的财产不当减少而受到损害，允许债权人干预债务人处分自己财产行为的法律制度。其中，代位权是针对债务人消极不行使自己债权的行为，撤销权则是针对债务人积极侵害债权人债权实现的行为。两者或是为了实现债务人的财产权利，或是为了恢复债务人的责任财产，从而确保债权人债权的实现。

（一）代位权行使的条件

（1）债权人对债务人的债权合法。

（2）债务人怠于行使其到期债权，对债权人造成损害。债务人的懈怠行为必须是债务人不以诉讼方式或者仲裁方式向次债务人主张其享有的具有金钱给付内容的到期债权。

（3）债务人的债权已到期。

（4）债务人的债权不是专属于债务人自身的债权。所谓专属于债务人自身的债权，是指基于扶养关系、抚养关系、赡养关系、继承关系产生的给付请求权和劳动报酬、退休金、养老金、抚恤金、安置费、人寿保险、人身伤害赔偿请求权等权利。

（二）代位权诉讼中的主体及管辖

根据《最高人民法院关于适用〈中华人民共和国合同法〉若干问题的解释（一）》［以下简称《〈合同法〉解释（一）》］，在代位权诉讼中，债权人是原告，次债务人是被告，债务人为诉讼上的第三人。因此在代位权诉讼中，如果债权人胜诉，由次债务人承担诉讼费用，且从实现的债权中优先支付。其他必要费用则由债务人承担。代位权诉讼由被告住所地人民法院管辖。

（三）代位权行使的法律效果

根据《〈合同法〉解释（一）》，债权人向次债务人提起的代位权诉讼经人民法院审理后认定代位权成立的，由次债务人向债权人履行清偿义务，债权人与债务人、债务人与次债务人之间相应的债权债务关系即予消灭。从此规定来看，债权人的债权就代位权行使的结果有优先受偿权利。在代位权诉讼中，次债务人对债务人的抗辩，可以向债权人主张。

四、撤销权

（一）撤销权的概念与性质

撤销权，是指债务人实施了减少财产行为，危及债权人债权实现时，债权人为保障自己的债权请求人民法院撤销债务人处分行为的权利。

撤销权的行使必须依一定的诉讼程序进行，故又称废罢诉权。债权人行使撤销权，可请求受益人返还财产，恢复债务人责任财产的原状，因此，撤销权兼有请求权和形成权的特点。合同保全中的撤销权与可撤销合同中的撤销权不同，保全撤销权是债权人请求人民法院撤销债务人与第三人之间已经生效的法律关系，撤销权效力扩及第三人，其目的是为了维护债务人的清偿能力。而可撤销合同中的撤销权没有扩及第三人，其目的是为了消除当事人之间意思表示的瑕疵。

（二）撤销权的成立条件

根据《合同法》的规定，债权人行使撤销权，应当具备以下条件：
（1）债权人须以自己的名义行使撤销权。
（2）债权人对债务人存在有效债权。
（3）债务人实施了减少财产的处分行为。
（4）债务人的处分行为有害于债权人债权的实现。

（三）撤销权行使的期限

撤销权自债权人知道或者应当知道撤销事由之日起一年内行使。自债务人的行为发生之日起五年内没有行使撤销权的，该撤销权消灭。

（四）撤销权行使的法律效果

一旦人民法院确认债权人的撤销权成立，债务人的处分行为即归于无效。债务人的处分行为无效的法律后果则是双方返还，即受益人应当返还从债务人处获得的财产。因此，撤销权行使的目的是恢复债务人的责任财产，债权人就撤销权行使的结果并无优先受偿权利。

（五）撤销权诉讼中的主体与管辖

撤销权的行使必须通过诉讼程序。在诉讼中，债权人为原告，债务人为被告，受益人或者受让人为诉讼上的第三人。撤销权诉讼由被告住所地人民法院管辖。根据《〈合同法〉解释（一）》规定，债权人行使撤销权所支付的律师代理费、差旅费等必要费用，由债务人负担；第三人有过错的，应当适当分担。

【任务实施】
（1）完成代理记账师岗位基础与认知（CMAC 四级）配套章节练习。
（2）完成代理记账师岗位基础与认知（CMAC 四级）平台任务（参考 CMAC 试题操作指南）。

任务五 合同的担保

【任务描述】

（1）了解合同担保的基本概念；
（2）了解保证；
（3）了解定金。

【知识储备】

一、合同担保的基本概念

（一）担保方式

担保是指法律规定或者当事人约定的以保证合同履行、保障债权人利益实现的法律措施。担保具有从属性与补充性特征。

合同的担保方式一般有五种，即保证、抵押、质押、留置和定金。其中，保证、抵押、质押和定金，都是依据当事人的合同而设立，称为约定担保。留置则是直接依据法律的规定而设立，无须当事人之间特别约定，称为法定担保。保证是以保证人的财产和信用为担保的基础，属于人的担保。抵押、质押、留置，是以一定的财产为担保的基础，属于物的担保。定金是以一定的金钱为担保的基础，称为金钱担保。

为了换取担保人提供保证、抵押或质押等担保方式，担保人可以要求债务人为担保人的担保提供担保。这种由债务人或第三人向该担保人提供的担保，相对于原担保而言被称为反担保。并非《中华人民共和国担保法》（以下简称《担保法》）规定的五种担保方式均可作为反担保方式。根据《最高人民法院关于适用〈中华人民共和国担保法〉若干问题的解释》（以下简称《担保法司法解释》）的规定，反担保方式可以是债务人提供的抵押或者质押，也可以是其他人提供的保证、抵押或者质押。因此留置和定金不能作为反担保方式。在债务人自己向原担保人提供反担保的场合，保证就不得作为反担保方式。

（二）担保合同的无效

1. 担保无效的情形

担保合同必须合法方才有效。根据有关法律和司法解释规定，下列担保合同无效：

（1）国家机关和以公益为目的的事业单位、社会团体违法提供担保的，担保合同无效。

（2）以法律、法规禁止流通的财产或者不可转让的财产设定担保的，担保合同无效。

2. 担保合同无效的法律责任

担保合同被确认无效时，债务人、担保人、债权人有过错的，应当根据其过错各自承担相应的民事责任，即承担《合同法》规定的缔约过失责任。根据《担保法司法解释》的规定，"相应的民事责任"具体区分为：

（1）主合同有效而担保合同无效，债权人无过错的，担保人与债务人对主合同债权人的经济损失，承担连带赔偿责任；债权人、担保人有过错的，担保人承担民事责任的部分，不应超过债务人不能清偿部分的1/2。

（2）主合同无效而导致担保合同无效，担保人无过错则不承担民事责任；担保人有过错的，应承担的民事责任不超过债务人不能清偿部分的1/3。

（3）担保人因无效担保合同向债权人承担赔偿责任后，可以向债务人追偿，或者在承担赔偿责任的范围内，要求有过错的反担保人承担赔偿责任。

为了保证债权人的利益，主合同解除后，担保人对债务人应当承担的民事责任仍应承担担保责任。除非担保合同另有约定。另外，法人或者其他组织的法定代表人、负责人超越权限订立的担保合同，除相对人知道或者应当知道其超越权限的以外，该代表行为有效。

二、保证

（一）保证的概念与保证合同

1. 保证的概念

保证是指第三人和债权人约定，当债务人不履行其债务时，该第三人按照约定履行债务或者承担责任的担保方式。"第三人"被称作保证人；"债权人"既是主债的债权人，也是保证合同中的债权人。保证是保证人与债权人之间的合同关系。保证的方式有两种，即一般保证和连带责任保证。

2. 保证合同

保证合同是指保证人与债权人订立的在主债务人不履行其债务时，由保证人承担保证债务的协议。保证合同中，只有保证人承担债务，债权人不负对待给付义务，故为单务合同。保证合同中，保证人对债权人承担保证债务，债权人对此不提供相应对价，故为无偿合同。实践中，债务人往往为此支付保证人一定的金钱，但不影响保证合同无偿性的特征，因为保证合同的当事人为债权人与保证人，而非债务人与保证人。保证合同因保证人和债权人协商一致而成立，不需另行交付标的物，故为诺成合同。《担保法》第十三条规定，保证合同必须采用书面形式。故保证合同为要式合同。

保证合同为从合同。主合同有效成立或将要成立，保证合同才发生效力。故主合同无效，保证合同无效。但保证合同无效，并不必然导致主合同无效。

保证合同为要式合同，但在实践中要注意下列问题：

（1）保证人在债权人与被保证人签订的订有保证条款的主合同上，以保证人身份签字或者盖章的，保证合同成立。

（2）第三人单方以书面形式向债权人出具担保书，债权人接受且未提出异议的，保证合同成立。

（3）主合同中虽然没有保证条款，但是，保证人在主合同上以保证人的身份签字或者盖章的，保证合同成立。但是当事人在借据、收据、欠条等债权凭证或者借款合同上签字或者盖章，但未表明其保证人身份或者承担保证责任，或者通过其他事实不能推定其为保证人的，出借人不能要求当事人承担保证责任。

（二）保证人

保证合同当事人为保证人和债权人。债权人可以是一切享有债权之人，自然人、法人或其他组织，均无不可。自然人、法人或者其他组织均可以为保证人，保证人也可以为两人以上。但法律对保证人仍有相应的限制，这些限制主要有：

（1）主债务人不得同时为保证人。如果主债务人同时为保证人，意味着其责任财产未增加，保证的目的落空。

（2）国家机关原则上不得为保证人。但经国务院批准为使用外国政府或者国际经济组织贷款进行转贷的，国家机关可以为保证人。

（3）学校、幼儿园、医院等以公益为目的的事业单位、社会团体不得做保证人。但从事经营活动的事业单位、社会团体，可以担任保证人。

（4）企业法人的职能部门不得担任保证人。

（5）企业法人的分支机构原则上不得担任保证人。但企业法人的分支机构有法人书面授权的，可以在授权范围内提供保证。

（6）保证人必须有代为清偿债务的能力。但根据《担保法司法解释》的规定，不具有完全代偿能力的主体，只要以保证人身份订立保证合同后，就应当承担保证责任。

（三）保证方式

1. 一般保证和连带责任保证

因为保证人承担责任方式的不同，可以将保证分为一般保证和连带责任保证。所谓一般保证，是指当事人在保证合同中约定，债务人不能履行债务时，由保证人承担保证责任的保证。所谓连带责任保证，是指保证人与债权人在保证合同中约定，在债务人不履行债务时，由保证人对债务承担连带责任的保证。依据《担保法》的规定，如果当事人在保证合同中对保证方式没有约定或者约定不明确的，按照连带责任保证承担保证责任。这两种保证之间最大的区别在于保证人是否享有先诉抗辩权，一般保证的保证人享有先诉抗辩权，连带责任保证的保证人则不享有。

所谓先诉抗辩权，是指在主合同纠纷未经审判或仲裁，并就债务人财产依法强制执行用于清偿债务前，对债权人可拒绝承担保证责任。根据《担保法司法解释》的规定，所谓"不能清偿"，是指对债务人的存款、现金、有价证券、成品、半成品、原材料、交通工具等可以执行的动产和其他方便执行的财产执行完毕后，债务仍未能得到清偿。

但有下列情形之一的，保证人不得行使先诉抗辩权：

（1）债务人住所变更，致使债权人要求其履行债务发生重大困难的，如债务人下落不明，移居境外，且无财产可供执行。

（2）人民法院受理债务人破产案件，中止执行程序的。

（3）保证人以书面形式放弃先诉抗辩权的。

一般保证的保证人在主债权履行期间届满后，向债权人提供了债务人可供执行财产的真实情况的，债权人放弃或怠于行使权利致使该财产不能被执行，保证人可以请求法院在其提供可供执行财产的实际价值范围内免除保证责任。

2. 单独保证和共同保证

从保证人的数量划分，保证可以分为单独保证和共同保证。单独保证是指只有一个保证人担保同一债权的保证。共同保证是指数个保证人担保同一债权的保证。共同保证既可以在数个共同保证人与债权人签订一个保证合同时成立，也可以在数个保证人与债权人签订数个保证合同，但担保同一债权时成立。按照保证人是否约定各自承担的担保份额，可以将共同保证分为按份共同保证和连带共同保证。按份共同保证是保证人与债权人约定按份额对主债务承担保证义务的共同保证；连带共同保证是各保证人约定均对全部主债务承担保证义务或保证人与债权人之间没有约定所承担保证份额的共同保证。

需要注意的是，连带共同保证的"连带"是保证人之间的连带，而非保证人与主债务人之间的连带。故称之为"连带共同保证",而非"连带责任保证"。

连带共同保证的债务人在主合同规定的债务履行期届满没有履行债务的,债权人可以要求债务人履行债务,也可以要求任何一个保证人承担全部保证责任。已经承担保证责任的保证人,有权向债务人追偿,或者要求承担连带责任的其他保证人清偿其应当承担的份额。

(四)保证责任

1. 保证责任的范围

根据《担保法》的规定,保证担保的责任范围包括主债权及利息、违约金、损害赔偿金和实现债权的费用。保证合同对责任范围另有约定的,从其约定。当事人对保证担保的范围没有约定或者约定不明确的,保证人应当对全部债务承担责任。

2. 主合同变更与保证责任承担

保证期间,债权人依法将主债权转让给第三人,保证债权同时转让,保证人在原保证担保的范围内对受让人承担保证责任。但是保证人与债权人事先约定仅对特定的债权人承担保证责任或者禁止债权转让的,保证人不再承担保证责任。

保证期间,债权人许可债务人转让债务的,应当取得保证人书面同意,保证人对未经其同意转让的债务部分,不再承担保证责任。

保证期间,债权人与债务人协议变更主合同的,应当取得保证人书面同意。未经保证人同意的主合同变更,如果减轻债务人的债务的,保证人仍应当对变更后的合同承担保证责任;如果加重债务人的债务的,保证人对加重的部分不承担保证责任。债权人与债务人对主合同履行期限做了变动,未经保证人书面同意的,保证期间为原合同约定的或者法律规定的期间。债权人与债务人协议变动主合同内容,但并未实际履行的,保证人仍应当承担保证责任。

主合同当事人双方协议以新贷偿还旧贷,除保证人知道或者应当知道者外,保证人不承担民事责任,但是新贷与旧贷系同一保证人的除外。

3. 保证期间与保证的诉讼时效

保证期间为保证责任的存续期间,是债权人向保证人行使追索权的期间。保证期间性质上属于除斥期间,不发生诉讼时效的中止、中断和延长。债权人没有在保证期间主张权利的,保证人免除保证责任。"主张权利"的方式在一般保证中表现为对债务人提起诉讼或者申请仲裁,在连带责任保证中表现为向保证人要求承担保证责任。

当事人可以在合同中约定保证期间。如果没有约定,保证期间为6个月。在连带责任保证的情况下,债权人有权自主债务履行期届满之日起6个月内要要求保证人承担保证责任;在一般保证场合,债权人应自主债务履行期届满之日起6个月内对债务人提起诉讼或者申请仲裁。保证合同约定的保证期间早于或者等于主债务履行期限的,视为没有约定。保证合同约定保证人承担保证责任,直至主债务本息还清时为止等类似内容的,视为约定不明,保证期间为主债务履行期届满之日起2年。如果主债务履行期限没有约定或者约定不明,保证期间自债权人要求债务人履行债务的宽限期届满之日计算。

在保证期间,债权人主张权利的,保证责任确定。连带保证,从确定保证责任时起,开始起算保证的诉讼时效。一般保证,则在对债务人提起诉讼或者申请仲裁的判决或者仲裁裁决生效之日起算保证的诉讼时效。保证的诉讼时效期限,按照《民法通则》的规定应为2年。

一般保证中,主债务诉讼时效中断,保证债务诉讼时效中断;连带责任保证中,主债务诉讼时效中断,保证债务诉讼时效不中断。一般保证和连带责任保证中,主债务诉讼时效中止的,保证债务的诉讼时效同时中止。

最高额保证合同对保证期间没有约定或者约定不明的,如合同约定有保证人清偿债务期限的,保证期间为清偿期限届满之日起6个月;没有约定的,保证期间为自最高额保证终止之日或自债权人收到保证人终止保证合同的书面通知之日起6个月。保证人对于通知到达债权人前所发生的债权,承担保证责任。

保证责任消灭后,债权人书面通知保证人要求承担保证责任或者清偿债务,保证人在催款通知书上签字的,人民法院不得认定保证人继续承担保证责任。但是,该催款通知书内容符合《合同法》和《担保法》有关担保合同成立的规定,并经保证人签字认可,能够认定成立新的保证合同的,人民法院应当认定保证人按照新保证合同承担责任。

4. 特殊情形下的保证责任

第三人向债权人保证监督支付专款专用的,在履行此项义务后,不再承担责任。未尽监督义务造成资金流失的,应当对流失的资金承担补充赔偿责任。保证人对债务人的注册资金提供保证的,债务人的实际投资与注册资金不符,或者抽逃转移注册资金的,保证人在注册资金不足或者抽逃转移注册资金的范围内承担连带保证责任。

5. 保证人的抗辩权

由于保证人承担了对债务人的保证责任,所以保证人享有债务人的抗辩权。抗辩权是指债权人行使债权时,债务人根据法定事由对抗债权人行使请求权的权利。如债务人放弃对债务的抗辩权,保证人仍有权抗辩,因其保证责任并未免除。据此,不仅保证人有权参加债权人对债务人的诉讼,在债务人对债权人提起诉讼,债权人提起反诉时,保证人也可以作为第三人参加诉讼。保证人对已经超过诉讼时效期间的债务承担保证责任或者提供保证的,不得又以超过诉讼时效为由提出抗辩。

6. 共同担保下的保证责任

在同一债权上既有保证又有物的担保的,属于共同担保。《物权法》规定,被担保的债权既有物的担保又有人的担保的，债务人不履行到期债务或者发生当事人约定的实现担保物权的情形，债权人应当按照约定实现债权；没有约定或者约定不明确，债务人自己提供物的担保的，债权人应当先就该物的担保实现债权；第三人提供物的担保的，债权人可以就物的担保实现债权，也可以要求保证人承担保证责任。提供担保的第三人承担担保责任后，有权向债务人追偿。

基于这条规定，物的担保和保证并存时，如果债务人不履行债务，则根据下列规则确定当事人的担保责任承担：

（1）根据当事人的约定确定承担责任的顺序。

（2）没有约定或者约定不明的，如果保证与债务人提供的物的担保并存，则债权人先就债务人的物的担保求偿。保证在物的担保不足清偿时承担补充清偿责任。

（3）没有约定或者约定不明的，如果保证与第三人提供的物的担保并存，则债权人既可以就物的担保实现债权，也可以要求保证人承担保证责任。根据这条规定，第三人提供物的担保的，保证与物的担保居于同一清偿顺序，债权人既可以要求保证人承担保证责任，也可以对担保物行使担保物权。

（4）没有约定或者约定不明的，如果保证与第三人提供的物的担保并存，其中一人承担了担保责任，则只能向债务人追偿，不能向另外一个担保人追偿。

7. 保证人不承担责任的情形

《担保法》规定，有下列情形之一的，保证人不承担民事责任：

（1）主合同当事人双方串通，骗取保证人提供保证的。

（2）主合同债权人采取欺诈、胁迫等手段，使保证人在违背真实意思的情况下提供保证的。

主合同债务人采取欺诈、胁迫等手段，使保证人在违背真实意思的情况下提供保证的，债权人知道或者应当知道欺诈、胁迫事实的，保证人不承担民事责任。但债务人与保证人共同欺骗债权人，订立主合同和保证合同的，债权人可以请求人民法院予以撤销。因此给债权人造成损失的，由保证人与债务人承担连带赔偿责任。

（五）保证人的追偿权

保证人承担保证责任后，有权向债务人追偿其代为清偿的部分。保证人对债务人行使追偿权的诉讼时效，自保证人向债权人承担责任之日起开始计算。保证人自行履行保证责任时，其实际清偿额大于主债权范围的，保证人只能在主债权范围内对债务人行使追偿权。

保证期间，人民法院受理债务人破产案件的，债权人既可以向人民法院申报债权，也可以向保证人主张权利。债权人不申报债权的，应通知保证人。保证人在承担保证责任前,可以预先申报破产债权行使追偿权(各连带共同保证的保证人应当作为一个主体申报债权),参加破产财产分配,以免发生保证人承担保证责任后,因债务人破产财产已分配完毕无法行使追偿权的情况。债权人知道或者应当知道债务人破产,既未申报债权也未通知保证人,致使保证人不能预先申报破产债权行使追偿权的,保证人在该债权在破产程序中可能受偿的范围内免除保证责任。债权人要求保证人对其在破产程序中未受清偿部分承担保证责任的,应当在破产程序终结后6个月内提出。

(六)涉及保证人的诉讼问题

一般保证的债权人向债务人和保证人一并提起诉讼的,人民法院可以将债务人和保证人列为共同被告参加诉讼。但是,应当在判决书中明确在对债务人财产依法强制执行后仍不能履行债务时,由保证人承担保证责任。连带责任保证的债权人可以将债务人或者保证人作为被告提起诉讼,也可以将债务人和保证人作为共同被告提起诉讼。债务人对债权人提起诉讼,债权人提起反诉的,保证人可以作为第三人参加诉讼。

在民间借贷纠纷中,保证人为借款人提供连带责任保证,出借人仅起诉借款人的,人民法院可以不追加保证人为共同被告;出借人仅起诉保证人的,人民法院可以追加借款人为共同被告。保证人为借款人提供一般保证,出借人仅起诉保证人的,人民法院应当追加借款人为共同被告;出借人仅起诉借款人的,人民法院可以不追加保证人为共同被告。

三、定金

(一)定金的概念及种类

定金,是以确保合同的履行为目的,由当事人一方在合同订立前后,合同履行前预先交付于另一方的金钱或者其他代替物的法律制度。按照定金的目的和功能,可以把定金分为立约定金、成约定金、证约定金、违约定金、解约定金等。根据《担保法》及《担保法司法解释》的有关规定,我国关于定金的性质属于任意性规定,当事人可以自主确定定金的性质。

(二)定金的生效与法律效力

《担保法》规定,定金应当以书面形式约定。当事人在定金合同中应当约定交付定金的期限。定金合同从实际交付定金之日起生效。故定金合同是实践性合同。定金的效力表现为以下几个方面:

(1)定金一旦交付,定金所有权发生移转。当定金由给付定金方转移至收受定金方时，定金所有权即发生移转，此为货币的特点决定的。

（2）给付定金一方不履行约定的债务的，无权要求返还定金；收受定金的一方不履行约定的债务的，应当双倍返还定金。当事人一方不完全履行合同的，应当按照未履行部分所占合同约定内容的比例，适用定金罚则。

（3）在迟延履行或者有其他违约行为时，并不能当然适用定金罚则。只有因当事人一方迟延履行或者其他违约行为，致使合同目的不能实现，才可以适用定金罚则。当然，法律另有规定或者当事人另有约定的除外。

（4）当事人约定的定金数额不得超过主合同标的额的20%。如果超过20%，超过部分无效。

（5）因不可抗力、意外事件致使主合同不能履行的，不适用定金罚则。因合同关系以外第三人的过错，致使主合同不能履行的，适用定金罚则。受定金处罚的一方当事人，可以依法向第三人追偿。

（6）如果在同一合同中，当事人既约定违约金，又约定定金的，在一方违约时，当事人只能选择适用违约金条款或者定金条款，不能同时要求适用两个条款。

【任务实施】

（1）完成代理记账师岗位基础与认知（CMAC四级）配套章节练习。

（2）完成代理记账师岗位基础与认知（CMAC四级）平台任务（参考CMAC试题操作指南）。

任务六 合同的终止

【任务描述】

（1）了解合同终止的基本概念；

（2）了解清偿；

（3）了解解除；

（4）了解抵销；

（5）了解提存；

（6）了解免除与混同。

【知识储备】

一、合同终止的基本概念

合同的终止，是指因发生法律规定或当事人约定的情况，使当事人之间的权利义务关系消灭，而使合同终止法律效力。合同消灭的效力，除当事人之间的权利义务终止外，从属于主债的权利义务也随之消灭。

合同作为一种民事法律关系，必须因一定的法律事实才能终止，引起合同终止的法律事实，根据《合同法》的规定，主要有以下情形：

（1）债务已经按照约定履行。
（2）合同解除。
（3）债务相互抵销。
（4）债务人依法将标的物提存。
（5）债权人免除债务。
（6）债权债务同归于一人，即混同。
（7）法律规定或者当事人约定终止的其他情形。

合同的权利义务终止后，当事人仍负有后合同义务，应当遵循诚实信用原则，根据交易习惯履行通知、协助、保密等义务。

合同的权利义务终止，不影响合同中结算条款、清理条款以及解决争议方法条款的效力。

二、清偿

清偿，又叫履行，是指为了实现合同目的，满足债权，合同债务人依照合同的约定圆满完成约定义务的行为和终局状态。它是合同消灭的最主要和最常见的原因。

债务人直接向债权人清偿债务，当然引起合同权利义务的消灭。债务人向债权人的代理人、破产企业的清算组织、收据持有人、行使代位权的债权人、债权人与债务人约定的受领清偿的第三人清偿债务的，合同权利义务也因此而消灭。

清偿一般应由债务人本人为之。债务人的代理人、第三人代为清偿的，也可以发生清偿的效力，但合同约定或依合同性质不能由第三人代为清偿的除外。第三人在代为清偿后，可代位行使债权人的权利。

债务人清偿债务应当按合同标的清偿，但经债权人同意并受领替代物清偿的，也能产生清偿效果。

债务人的给付不足以清偿其对同一债权人所负的数笔相同种类的全部债务，应当优先抵充已到期的债务；几项债务均到期的，优先抵充对债权人缺乏担保或者担保数额最少的债务；担保数额相同的，优先抵充债务负担较重的债务；负担相同的，按照债务到期的先后顺序抵充；到期时间相同的，按比例抵充。但是，债权人与债务人对清偿的债务或者清偿抵充顺序有约定的除外。债务人除主债务之外还应当支付利息和费用，当其给付不足以清偿全部债务时，并且当事人没有约定的，人民法院应当按照下列顺序抵充：①实现债权的有关费用；②利息；③主债务。

三、解除

合同的解除，是指合同有效成立以后，没有履行或者没有完全履行之前，双方当事人通过协议或者一方行使解除权的方式，使得合同关系终止的法律制度。合同的解除，分为合意解除与法定解除两种情况。

（一）合议解除

合议解除又称约定解除，是指当事人以合同形式，约定为一方或双方保留解除权的解除。其中，保留解除权的合意，称为解约条款。解除权可以保留给当事人一方，也可以保留给当事人双方。保留解除权，可以在当事人订立合同时约定，也可以在以后另订立保留解除权的合同。

（二）法定解除

法定解除，是指根据法律规定而解除合同。根据《合同法》第九十四条的规定，在下列情况下，当事人可以单方面解除合同：

（1）因不可抗力致使不能实现合同目的。不可抗力致使合同目的不能实现，该合同失去意义，应归于消灭。在此情况下，我国《合同法》允许当事人通过行使解除权的方式消灭合同关系。

（2）在履行期限届满之前，当事人一方明确表示或者以自己的行为表明不履行主要债务。此即债务人拒绝履行，也称毁约，包括明示毁约和默示毁约。作为合同解除条件，一是要求债务人有过错，二是拒绝行为违法（无合法理由），三是有履行能力。

（3）当事人一方迟延履行主要债务，经催告后在合理期限内仍未履行。此即债务人迟延履行。根据合同的性质和当事人的意思表示，履行期限在合同的内容中非属特别重要时，即使债务人在履行期届满后履行，也不致使合同目的落空。在此情况下，原则上不允许当事人立即解除合同，而应由债权人向债务人发出履行催告，给予一定的履行宽限期。债务人在该履行宽限期届满时仍未履行的，债权人有权解除合同。

（4）当事人一方迟延履行债务或者有其他违约行为致使不能实现合同目的。对某些合同而言，履行期限至为重要，如债务人不按期履行，合同目的即不能实现，于此情形，债权人有权解除合同。其他违约行为致使合同目的不能实现时，也应如此。

（5）法律规定的其他情形。法律针对某些具体合同规定了特别法定解除条件的，从其规定。

当事人一方行使解除权应当通知对方，合同自通知到达对方时解除。对方有异议的，可以请求人民法院或者仲裁机构确认解除合同的效力。当事人解除合同，法律、行政法规规定应当办理批准、登记等手续的，应依照其规定办理。对方虽有异议，但是在约定的异议期限届满后才提出异议并向人民法院起诉的，人民法院不予支持。如果没有约定异议期间，在解除合同通知到达之日起 3 个月以后才向人民法院起诉的，人民法院不予支持。

合同解除后，尚未履行的，终止履行；已经履行的，根据履行情况和合同性质，当事人可以要求恢复原状、采取其他补救措施，并有权要求赔偿损失。

四、抵销

抵销是双方当事人互负债务时，一方通知对方以其债权充当债务的清偿或者双方协商以债权充当债务的清偿，使得双方的债务在对等额度内消灭的行为。抵销分为法定抵销与约定抵销。抵销具有简化交易程序、降低交易成本、保证交易安全的作用。

（一）法定抵销

《合同法》规定，当事人互负到期债务，该债务的标的物种类、品质相同的，任何一方可以将自己的债务与对方的债务抵销，但依照法律规定或者按照合同性质不得抵销的除外。

《合同法》规定的法定抵销须具备以下条件：

1. 须双方互负有债务，互享有债权

效力不完全的债权不能作为主动债权而主张抵销，如诉讼时效完成后的债权，债权人不得主张抵销，但作为被动债权，对方以其债权主张抵销的，应当允许。

2. 须双方债务的给付为同一种类

抵销的债务只要求同种类，不要求数额或价值相等。

3. 须双方的债务均届清偿期

《合同法》关于这项要件的规定是以双方当事人均可以主张抵销为前提的，因此，

在只是一方当事人主张抵销的情形下，并不要求双方当事人的债务均届清偿期。原则上若一项债务已届清偿期，而另一项债务未届清偿期的，则未到期的债务人可以主张抵销。因为期限利益原则上属于债务人。

4. 须双方的债务均为可抵销的债务

下列债务均不可抵销：

（1）法律规定不得抵销的债务。如因故意侵权行为而产生的债务。

（2）合同性质不能抵销的债务。如提供劳务的债务、不作为的债务等。

（3）当事人约定不得抵销的债务。

法定抵销中的抵销权性质上属于形成权，因此当事人主张抵销的，应当通知对方。通知为非要式。抵销的效果自通知到达对方时生效。抵销不得附条件或者附期限。抵销产生如下法律效力：①双方的债权债务于抵销数额内消灭；②抵销的意思表示溯及于得为抵销之时。

（二）约定抵销

《合同法》规定，当事人互负债务，标的物种类、品质不相同的，经双方协商一致，也可以抵销。

五、提存

提存是指非因可归责于债务人的原因，导致债务人无法履行债务或者难以履行债务的情况下，债务人将标的物交由提存机关保存，以终止合同权利义务关系的行为。《合同法》规定的提存是以清偿为目的，所以是债务消灭的原因。《担保法》也有关于提存的规定，但《担保法》规定的提存是以担保债务清偿为目的。

（一）提存的原因

《合同法》规定，有下列情形之一，难以履行债务的，债务人可以将标的物提存：

（1）债权人无正当理由拒绝受领。

（2）债权人下落不明。

（3）债权人死亡未确定继承人或者丧失民事行为能力未确定监护人。

（4）法律规定的其他情形。

（二）提存的法律效果

标的物提存后，毁损、灭失的风险由债权人承担。提存期间，标的物的孳息归债权人所有。提存费用由债权人负担。标的物不适于提存或者提存费用过高的，债务人依法可以拍卖或者变卖标的物，提存所得的价款。

提存成立的，视为债务人在其提存范围内已经履行债务，但债务人还负有后合同义务。除债权人下落不明的以外，债务人应当及时通知债权人或者债权人的继承人、监护人。

债权人可以随时领取提存物，但债权人对债务人负有到期债务的，在债权人未履行债务或者提供担保之前，提存部门根据债务人的要求应当拒绝其领取提存物。债权人领取提存物的权利，自提之日起5年内不行使则消灭，提存物扣除提存费用后归国家所有。此处规定的"5年"时效为不变期间，不适用诉讼时效中止、中断或者延长的规定。

六、免除与混同

债权人免除债务人部分或者全部债务的，合同的权利义务部分或者全部终止。

债和债务同归于一人，即债权债务混同时，合同的权利义务终止，但涉及第三人利益的除外。

【任务实施】

（1）完成代理记账师岗位基础与认知（CMAC 四级）配套章节练习。

（2）完成代理记账师岗位基础与认知（CMAC 四级）平台任务（参考 CMAC 试题操作指南）。

任务七　合同的违约责任

【任务描述】

（1）了解违约责任的基本概念；

（2）了解违约形态；

（3）了解违约责任的承担形式；

（4）了解免责事由。

【知识储备】

一、违约责任的基本概念

违约责任也称为违反合同的民事责任，是指合同当事人因违反合同义务所承担的责任。《合同法》规定，当事人一方不履行合同义务或者履行合同义务不符合约定的，应当承担继续履行、采取补救措施或者赔偿损失等违约责任。

违约责任具有以下特点：

（1）违约责任以合同的有效存在为前提。

（2）违约责任是合同当事人不履行合同义务所产生的责任。如果当事人违反的不是合同义务，而是法律规定的其他义务，则应负其他责任。

（3）违约责任具有相对性。由于合同关系具有相对性，因此违约责任也具有相对性，即违约责任只能在特定的当事人之间即合同关系的当事人之间发生。当事人一方因第三人的原因造成违约的，应当向对方承担违约责任。当事人一方和第三人之间的纠纷，依照法律规定或者按照约定解决。

《合同法》规定的违约责任采用严格责任。因此，只要合同当事人有违约行为存在，无论导致违约的原因是什么，除了法定或者约定的免责事由以外，均不得主张免责。

二、违约形态

根据合同当事人违反义务的性质、特点的不同，《合同法》将违约行为区分为预期违约和届期违约两种类型，每种类型又可以分为两类。

（一）预期违约

预期违约是指在履行期限到来之前一方无正当理由而明确表示其在履行期到来后将不履行合同，或者其行为表明其在履行期到来以后将不可能履行合同。《合同法》第一百零八条规定了预期违约，并将预期违约分为明示的预期违约和默示的预期违约两种。明示与默示的区别在于违约的合同当事人是否通过意思表示明确表达自己不再履行合同的意愿。

（二）届期违约

在履行期限到来以后，当事人不履行或不完全履行合同义务的，将构成届期违约。

届期违约可以分为不履行和不适当履行两类。

另外,《合同法》规定,因当事人一方的违约行为,侵害对方人身、财产权益的,受损害方有权选择依照《合同法》规定要求其承担违约责任或者依照其他法律要求其承担侵权责任。根据《〈合同法〉解释(一)》的规定,债权人向人民法院起诉时做出选择后,在一审开庭以前又变更诉讼请求的,人民法院应当准许。但如对方当事人对变更后的诉讼请求提出管辖权异议,经审查异议成立的,人民法院应当驳回起诉。

三、违约责任的承担方式

违约责任的承担方式主要有:继续履行、补救措施、损害赔偿。

(一)继续履行

继续履行,又称实际履行,是指债权人在债务人不履行合同义务时,可请求人民法院或者仲裁机构强制债务人实际履行合同义务。

《合同法》规定,当事人一方未支付价款或者报酬的,对方可以要求其支付价款或者报酬。当事人一方不履行非金钱债务或者履行非金钱债务不符合约定的,对方可以要求履行,但有下列情形之一的除外:①法律上或者事实上不能履行;②债务的标的不适于强制履行或者履行费用过高;③债权人在合理期限内未要求履行。

(二)补救措施

补救措施,是债务人履行合同义务不符合约定,债权人在请求人民法院或者仲裁机构强制债务人实际履行合同义务的同时,可根据合同履行情况要求债务人采取的补救履行措施。《合同法》规定,当事人履行合同义务,质量不符合约定的,应当按照当事人的约定承担违约责任。对违约责任没有约定或者约定不明确,受损害方根据标的的性质以及损失的大小,可以合理选择要求对方承担修理、更换、重做、退货、减少价款或者报酬等违约责任。

(三)损害赔偿

当事人一方不履行合同义务或者履行合同义务不符合约定的,在履行义务或者采取补救措施后,对方还有其他损失的,应当承担损害赔偿责任。损害赔偿的具体方式主要有赔偿损失、支付违约金和适用定金罚则等。

1. 赔偿损失

损失赔偿额应当相当于因违约所造成的损失,包括合同履行后可以获得的利益,但不得超过违约方订立合同时预见到或者应当预见到的因违反合同可能造成的损失。当事人可以在合同中约定因违约产生的损失赔偿额的计算方法。根据《买卖合同解释》的规定，买卖合同当事人一方违约造成对方损失，对方对损失的发生也有过错，违约方主张扣减相应的损失赔偿额的，人民法院应予支持。买卖合同当事人一方因对方违约而获有利益，违约方主张从损失赔偿额中扣除该部分利益的，人民法院应予支持。买卖合同的这些规则未来将同样适用于其他有偿合同。

经营者对消费者提供商品或者服务有欺诈行为的，依照《中华人民共和国消费者权益保护法》（以下简称《消费者权益保护法》）的规定承担损害赔偿责任，即按照购买商品的价款或者接受服务的费用承担双倍赔偿责任。

当事人一方违约后，对方应当采取适当措施防止损失的扩大；没有采取适当措施致使损失扩大的，不得就扩大的损失要求赔偿。当事人因防止损失扩大而支出的合理费用由违约方承担。

2. 支付违约金

违约金，是按照当事人约定或者法律规定，一方当事人违约时应当根据违约情况向对方支付的一定数额的货币。

约定的违约金低于造成的损失的，当事人可以请求人民法院或者仲裁机构予以增加；约定的违约金过分高于造成的损失的，当事人可以请求人民法院或者仲裁机构予以适当减少。

3. 适用定金罚则

当事人在合同中既约定违约金，又约定定金的，一方违约时，对方可以选择适用违约金或者定金条款，但两者不可同时并用。但买卖合同约定的定金不足以弥补一方违约造成的损失，对方请求赔偿超过定金部分的损失的，人民法院可以并处，但定金和损失赔偿的数额总和不应高于因违约造成的损失。

当事人一方违约后，对方应当采取适当措施防止损失的扩大；没有采取适当措施致使损失扩大的，不得就扩大的损失要求赔偿。

四、免责事由

《合同法》规定的法定免责事由仅限于不可抗力。《合同法》规定，不可抗力"是指不能预见、不能避免并不能克服的客观情况"。

（1）常见的不可抗力有：

1）自然灾害，如地震、台风、洪水、海啸等。

2）政府行为。政府行为一定是指当事人在订立合同以后发生，且不能预见的情形,如运输合同订立后,由于政府颁布禁运的法律,使合同不能履行。

3)社会异常现象。一些偶发的事件阻碍合同的履行,如罢工、骚乱等。不可抗力虽为合同的免责事由,但有关不可抗力的具体事由很难由法律做出具体列举式的规定,因此根据合同自由原则,当事人可以在订立不可抗力条款时,具体列举各种不可抗力的事由。

(2)不可抗力发生后对当事人责任的影响,要注意以下几点:

1)不可抗力并非当然免责,要根据不可抗力对合同履行的影响决定。《合同法》规定,因不可抗力不能履行合同的,根据不可抗力的影响,部分或者全部免除责任。

2)当事人迟延履行后发生不可抗力的,不能免除责任。

3)不可抗力事件发生后,主张不可抗力一方要履行两个义务:一是及时通报合同不能履行或者需要迟延履行、部分履行的事由;二是取得有关不可抗力的证明。

【任务实施】

(1)完成代理记账师岗位基础与认知(CMAC 四级)配套章节练习。

(2)完成代理记账师岗位基础与认知(CMAC 四级)平台任务(参考 CMAC 试题操作指南)。

【知识扩展】

买卖不破租赁

买卖不破租赁,即在租赁关系存续期间,即使所有权人将租赁物让与他人,对租赁关系也不产生任何影响,买受人不能以其已成为租赁物的所有人为由,否认原租赁关系的存在并要求承租人返还租赁物。

一、案情简介

曾先生在选购了一套二手房时,被前业主告知该房产已经有人承租,租期尚有九个多月才到期,曾先生以为购买了房屋后就有权随时要求承租人搬离,于是与前业主签订了合同并办理了过户手续。但是,在与承租人交涉终止租赁合同,限期搬离的过程中,承租人提出"买卖不破租赁"的概念要求继续承租,并指责前业主和曾先生没有尊重其"优先购买权",就优先购买权请求原业主承担损害赔偿责任。

这是在租赁中的房产交易过程中普遍存在的问题,承租人所提出的"买卖不破租赁"是一项专业法律术语,具体解释为租赁房屋发生产权转移的场合，承租人对于该房屋的使用权，不会因为该房屋的买卖而受影响，买受人仍应当继续履行原租赁合同的规定，此时租赁权的效力大于买卖双方的转让效力，只有当租赁期限到期时，买受人才可以行使完整的所有权。

对此，我国法律有明确的规定。《合同法》第二百二十九条规定："租赁物在租赁期间发生所有权变动的，不影响租赁合同的效力。"《最高人民法院关于贯彻执行〈中华人民共和国民法通则〉若干问题的意见（试行）》第一百一十九条第二款规定："私有房屋在租赁期内，因买卖、赠予或者继承发生房屋产权转移的，原租赁合同对承租人和新房主继续有效。"

而承租人提出的"优先购买权"则是指出租人出卖房屋时，承租人在同等条件下，依法享有优先购买的权利。《合同法》第二百三十条规定："出租人出卖出租房屋的，应当在出卖之前的合理期间内通知承租人，承租人享有以同等条件优先购买的权利。"

二、法理分析

由此可见，在该案例中，承租人提出要求继续租赁的要求是合法的，承租人的利益应该受到法律的保护，曾先生无权要求承租人提前搬离，但是有权要求承租人继续支付租金，因为曾先生在取得该房产的所有权的同时也取得了收益权。另外，如果前业主确实没有通知过承租人该房屋要出售或者承租人表示在同等条件下愿意购买该房屋的话，根据2009年《最高人民法院关于审理城镇房屋租赁合同纠纷案件具体应用法律若干问题的解释》第二十一条的规定，承租人可以向人民法院起诉请求损害赔偿，但是不得请求人民法院确认出租人与第三人之间的买卖合同无效。建议二手房买受人应当在购房前充分了解要购买的房屋是否已经出租，如果已出租，要了解具体的租赁期限，避免影响自己的购房用途或自己的投资计划。

三、竞合冲突

与租赁权的规定一样，我国《担保法》对抵押权的规定也是我国法律对财产权利所确定的一项重要的民事法律制度。租赁权和抵押权同是关于财产的权利，租赁权是债权，抵押权是物权，自然，二者会经常发生竞合或冲突。

这种竞合或冲突通常有两种情况：

一是财产所有人将财产先出租后抵押。因为承租人不可能预见到后来抵押权的设立。另外，租赁权的存在从根本上来说也不影响抵押权的实现。因此，这种情况下仍然适用"买卖不破租赁"的原则。

二是财产所有人将财产先抵押后出租。这种情况就不再适用买卖不破租赁的原则，仍然适用"先物权后债权，物权优于债权"的原则。一旦债务人不能偿还债务，可以通过变卖抵押物用于清偿债务。

抵押人将已抵押的财产出租时，如果抵押人未书面告知该财产已抵押的，抵押人对出租抵押物造成承租人的损失承担赔偿责任；如果抵押人已书面告知承租人该财产已抵押的，抵押权实现造成承租人的损失，由承租人自己承担。因此，以抵押财产出租的，限制适用"买卖不破租赁"原则，抵押权优于租赁权，租赁关系因抵押权的实现而解除。

项目六

知识产权保护法

任务一 商标法

【任务描述】

（1）了解商标与商标权的概念；
（2）了解注册商标的期限和续展；
（3）了解驰名商标的特别保护；
（4）了解商标权的利用；
（5）了解商标权的保护。

【知识储备】

一、商标与商标权概述

（一）商标的概念及特征

1. 商标的概念

商标是指商品生产者或经营者为区别于其他商品生产者和经营者所生产或经营的相同和类似商品，而使用于自己商品上的由文字、图形或者其组合所构成的显著标记。

2. 商标的特征

商标是商品的标志，它象征着商品的品质、信誉、评价和名声，通过对商标本质的分析可看出商标具有如下特征：

（1）商标具有依附于商品的从属性，即商标是商品经济的必然产物。

（2）商标具有财产属性。

（3）商标具有竞争性。

（4）商标具有排他性。

（二）商标权的概念及特征

1. 商标权的概念

商标权是商标专用权的简称，是指商标使用人依法对所使用的商标享有的专用权利。商标权是商标注册人依法支配其注册商标并禁止他人侵害的权利，包括商标注册人对其注册商标的排他使用权、收益权、处分权、续展权和禁止他人侵害的权利。

商标权是一种无形资产，具有经济价值，可以用于抵债，即依法转让。根据我国《中华人民共和国商标法》（以下简称《商标法》）的规定，商标可以转让，转让注册商标时转让人和受让人应当签订转让协议，并共同向商标局提出申请。

商标权的主体为申请并取得商标权的法人或自然人；客体为经过国家商标局核准注册受商标法保护的商标，即注册商标，包括商品商标和服务商标。

2. 商标权的特征

（1）独占性。商标权的独占性又称专有性或垄断性，是指商标注册人对其注册商标享有独占使用权，即一个商标一般只能由一家企业、事业单位或个人在指定商品上注册并归其所有，而不能同时为多个单位或个人所享有。商标权的专有性意味着其他任何人未经注册商标所有人许可，不得在与核定商品相同或类似范围内使用与该注册商标相同或近似的商标，否则构成商标侵权。

这种专有权表现在三个方面：

1）商标注册人有权依据《商标法》的相关规定，将其注册商标使用在其核准使用的商品、商品包装上或者服务、服务设施上，任何他人不得干涉。

2）商标注册人有权禁止任何其他人未经其许可擅自在相同或类似商品上使用与其注册商标相同或者近似的商标。

3）商标注册人有权许可他人使用自己的注册商标，也可以将自己的注册商标转让给他人，这种许可或转让要符合法律规定并履行一定的法律手续。

（2）时效性。商标权的时效性是指商标经商标注册机关核准之后，在正常使用的情况下，可以在某一法定时间内受到法律保护，这一时间称为注册商标的有效期。《商标法》第四十条规定："注册商标有效期满，需要继续使用的，商标注册人应当在期满前 12 个月内按照规定办理续展手续；在此期间未能办理的，可以给予 6 个月的宽展期。每次续展注册的有效期为 10 年，自该商标上一届有效期满次日起计算。期满未办理续展手续的，注销其注册商标。商标局应当对续展注册的商标予以公告。"

有效期届满后，商标权人如果希望继续使用注册商标并使之得到法律的保护，则需要按照法定程序，进行注册续展。如果不发生导致商标撤销的诉讼，商标注册人只要按时履行续展手续，就可以无限期地保护下去。在这一点上，商标权既不同于有形财产权，也不同于同属知识产权的专利权和版权。

（3）地域性。商标权的地域性是指经一国（或地区）商标注册机关核准注册的商标，其所有人的专有权被限定在该国（或地区）领域内，其他国家（或地区）对该商标权没有保护义务。换言之，一个国家（或地区）的商标所有人如果希望其商标权在其他国家（或地区）也能获得保护，就应该到希望获得保护的国家（或地区）去注册。或者通过《商标国际注册马德里协定》（以下简称《马德里协定》）等国际知识产权条约在协定的成员国申请领土延伸。

（4）财产性。商标专用权是一种无形财产权。商标专用权的整体是智力成果，它凝聚了权利人的心血和劳动。智力成果不同于有形的物质财富，它虽然需要借助一定的载体表现，但载体本身并无太大的经济价值，体现巨大经济价值的只能是载体所蕴含的智力成果。比如"可口可乐"商标、"全聚德"商标等，其商标的载体：可乐、烤鸭等不是具有极高价值的东西，但其商标本身却是具有极高的经济价值，"可口可乐"商标经评估，其品牌价值达到 700 多亿美元，而"全聚德"作为中国民族品牌，其评估价值超过 100 亿元人民币。通过商标价值评估，这些商标可以作为无形资产成为企业出资额的一部分。

（5）类别性。所谓类别性，是指注册商标的类别。国家工商行政管理总局商标局依照商标注册申请人提交的《商标注册申请书》中核定的类别和商品（服务）项目名称进行审查和核准。注册商标的保护范围仅限于所核准的类别和项目，以世界知识产权组织提供的《商标注册用商品和服务国际分类表》为基础。国家商标局制定的《类似商品和服务区分表》将商品和服务总共分为 45 个类别，在相同或近似的类别及商品（服务）项目中只允许一个商标权利人拥有相同或近似的商标，在不相同和近似的类别中允许不同权利人享有相同或近似的商标。

（三）商标权的内容

作为一种财产所有权，商标权可以分解为占有权、使用权、收益权和处分权。

1. 占有权

占有权强调的是权利主体具有控制、支配一定物品的能力。不过，对商标的占有并不同于对一般民事财产的占有，民法上对无主物的自然"先占"原则在这里不一定适用。在实行使用原则的国家，可以通过实际先行使用而占有某个商标，占有意味着使用在先；而在实行注册原则的国家，先行使用并不足以说明已占有某个商标，只有通过一定的法律程序到主管机关去提交注册申请并经核准注册后才能实现对该商标的真正占有，也就是说，占有意味着申请在先，并获准注册。我国实行的就是这种原则。

2. 使用权

使用权是指权利主体可以在核定的商品上使用其占有的商标。如果该商标是注册商标，则应该在核定的商品上使用并依法得到保护。作为一种所有权，商标权具有排他性，他人在未经所有人许可的情况下，不得在相同或类似的商品上使用与该注册商标相同或近似的商标，否则构成侵权。

3. 收益权

收益权主要通过许可来实现，即商标所有人在自己使用该注册商标的同时，在自愿协商、平等互利的基础上签订使用许可合同，许可他人使用其注册商标。作为许可的代价，一般是许可方收取被许可方一定的使用许可费。许可使用虽然是商标权利人行使收益权的基本形式，但是过多的许可可能导致商标信誉的损害，从而失去消费者的信赖。无节制地滥施许可，对于商标权利人来说，无异于一场灾难。

4. 处分权

处分权也是商标所有权的基本内容之一，它指的是商标权利主体按照自己的意志对其拥有的商标做出的处置和安排，包括转让、赠予、放弃等。转让和赠予属于积极的处分行为，二者的区别在于转让通常都是有偿的，赠予是无偿的；放弃则是消极的处分行为，例如，期满不续展、连续三年无正当理由不使用等，都可以视为对商标权的放弃。

以上四者都属于所有权的范畴。所有权是商标权最基本的内容，属于基础性权利。与之密切相关的还有请求权、诉讼权、续展权等，这些权利都是在所有权的基础上形成的，或者说是从所有权中派生出来的。如果说所有权是以实质生活利益为内容的实体权利或实质性权利，那么请求权、诉讼权等就是作为商标法律关系变动的原因、具有技术手段的性质且不能脱离所有权而独立存在的程序权利或技术性权利。请求权、诉讼权等对于所有权的维护具有十分重要的意义，其中请求权尤为重要。诉讼权主要行使于发生假冒侵权行为后请求司法机关予以处理的场合，请求权除了可以与追诉权同时行使外，还频繁行使于商标注册核准前的异议裁定阶段和注册核准后的争议裁定阶段。

（四）商标权的取得

1. 商标权的取得

商标权的取得，是指根据一定的原则采用适当的方式来获得商标权。

2. 商标权取得的原则

商标权取得的原则有以下三种：

（1）使用原则，即使用取得商标权原则，是指商标权因商标的使用而自然产生，商标权根据商标使用事实而得以成立。

（2）注册原则，即注册取得商标权原则，是指商标权因注册事实而成立，只有注册商标才能取得商标权。

（3）混合原则，即折中原则，是指在确定商标权的成立时，兼顾使用与注册两种事实，商标权既可因注册而产生，也可因使用而成立。

3. 商标权取得的方式

（1）原始取得。商标权的原始取得，也称为商标权的直接取得，是指商标权由创设而来，其产生并非基于他人既存之商标权，也不以他人的意志为根据。

（2）继受取得。商标权的继受取得，也称为商标权的传来取得，是指以他人既存的商标权及他人意志为基础而取得商标权。

（五）申请注册的商标应具备的条件

（1）申请注册的商标应具备显著性，便于识别。

（2）商标应当符合可视性要求。《商标法》规定，任何能够将自然人、法人或者其他组织的商品与他人的商品区别开的可视性标志，包括文字、图形、字母、数字、三维标志和颜色组合，以及上述要素的组合，均可以作为商标申请注册。由此可见，气味标志、音响标志不能成为注册商标。

（3）申请注册的商标不得与他人在同种或者类似商品或者服务上已经注册或者初步审定的商标相同或者近似。

以三维标志申请注册商标的，仅由商品自身的性质产生的形状、为获得技术效果而需要的商品形状或者商品具有实质性价值的形状，不得注册。

（4）申请注册的商标不得与被撤销或者注销未满一年的注册商标相同或者近似。

二、注册商标的期限和续展

（一）注册商标的期限

注册商标的有效期为10年，自核准注册之日起算。

（二）注册商标的续展

注册商标有效期满，需要继续使用的，商标注册人应当在期满前12个月内按照规定办理续展手续；在此期间未能办理的，可以给予6个月的宽展期。每次续展注册的有效期为10年，自该商标上一届有效期满次日起计算。期满未办理续展手续的，注销其注册商标。

三、驰名商标的特别保护

（1）就相同或者类似商品申请注册的商标是复制、摹仿或者翻译他人未在中国注册的驰名商标，容易导致混淆的，不予注册并禁止使用。

（2）就不相同或者不相类似商品申请注册的商标是复制、摹仿或者翻译他人已在中国注册的驰名商标，容易导致混淆的，不予注册并禁止使用。

（3）认定驰名商标应当考虑下列因素：
1）相关公众对该商品的知晓。
2）该商标使用的持续时间。
3）该商标的任何宣传工作的持续时间、程度和地理范围。
4）该商标作为驰名商标受保护的记录。
5）该商标驰名的其他因素。

四、商标权的利用

（一）商标权的转让

转让注册商标的，转让人和受让人应当签订转让协议，并共同向商标局提出申请。转让注册商标经核准后，予以公告。受让人自公告之日起享有商标专用权。

转让注册商标的，由"转让人和受让人"共同向商标局提出申请，受让人自商标局的核准"公告日"起享有商标专用权。

经许可使用他人注册商标的，必须在使用该注册商标的商品上标明被许可人的名称和商品产地。

（二）注册商标的使用许可

（1）许可人是被许可的注册商标的所有人或有充分处置权人。

（2）被许可人有生产使用许可的商品的资格。

（3）使用许可的商标在法律保护的期限内，且使用许可期限不得超过该注册商标的有效期限。

（4）使用许可的商品在该注册商标核定使用的商品范围内。

（5）使用许可的商标与注册商标一致。

（三）注册商标争议的裁定

1. 注册商标无效宣告的申请条件

《商标法》第四十四条规定，已经注册的商标，违反《商标法》第十条、第十一条、第十二条规定的，或者是以欺骗手段或者其他不正当手段取得注册的，由商标局宣告该注册商标无效；其他单位或者个人可以请求商标评审委员会宣告该注册商标无效。根据这一规定，宣告注册商标无效的条件包括两个方面。

（1）商标中含有不得作为商标使用的标志、形状的，具体包括三种情形：

1）按照《商标法》第十条的规定，下列标志不得作为商标使用：①同中华人民共和国的国家名称、国旗、国徽、国歌、军旗、军徽、军歌、勋章等相同或者近似的，以及同中央国家机关的名称、标志、所在地特定地点的名称或者标志性建筑物的名称、图形相同的；②同外国的国家名称、国旗、国徽、军旗等相同或者近似的，但经该国政府同意的除外；③同政府间国际组织的名称、旗帜、徽记等相同或者近似的，但经该组织同意或者不易误导公众的除外；④与表明实施控制、予以保证的官方标志、检验印记相同或者近似的，但经授权的除外；⑤同"红十字""红新月"的名称、标志相同或者近似的；⑥带有民族歧视性的；⑦带有欺骗性，容易使公众对商品的质量等特点或者产地产生误认的；⑧有害于社会主义道德风尚或者有其他不良影响的。同时，县级以上行政区划的地名或者公众知晓的外国地名，不得作为商标；但是地名具有其他含义或者作为集体商标、证明商标组成部分的除外；已经注册的使用地名的商标继续有效。

2）按照《商标法》第十一条的规定，下列标志不得作为商标注册：①仅有本商品的通用名称、图形、型号的；②仅直接表示商品的质量、主要原料、功能、用途、重量、数量及其他特点的；③其他缺乏显著特征的。需要注意的是，上述三类所列标志经过使用取得显著特征，并便于识别的，可以作为商标注册。

3）按照《商标法》第十二条的规定，以三维标志申请注册商标的，仅由商品自身的性质产生的形状、为获得技术效果而需有的商品形状或者使商品具有实质性价值的形状，不得注册。

（2）以欺骗手段或者其他不正当手段取得商标注册的，具体包括两种情形：

1）以欺骗手段取得商标注册。所谓欺骗手段，是指申请人采取虚构、隐瞒事实真相，或者伪造申请书及有关文件等方式，取得商标注册。

2）以其他不正当手段取得商标注册。所谓以其他不正当手段，是指申请人采取欺骗方式以外的其他不正当方法，如通过给经办人好处等方式，取得商标注册。

2. 注册商标无效宣告的类型

（1）商标局依职权进行无效宣告(绝对理由)。当事人对商标局的决定不服的，可以向商标评审委员会申请复议。

（2）商标评审委员会依绝对理由的无效宣告。主体不限，期限不限。

（3）商标评审委员会依相对理由的无效宣告。已经注册的商标，违反《商标法》相关规定的，自注册商标之日起五年内，在先权利人或者利害关系人可以请求商标评审委员会宣告该注册商标无效。对恶意注册的，驰名商标所有人不受五年期限的限制。

商标无效的绝对理由包括：已经注册的商标，如果不具备可视性、显著性和合法性，可以被宣告无效。另外，"以欺骗手段或者其他不正当手段取得注册"，也属于商标无效的理由。

商标无效的相对理由包括：构成商标权相对无效的原因是商标权同在先取得的权利或其他合法权益相冲突。主要包括：因与他人在先权利冲突而无效；因侵犯他人驰名商标权而无效；因抢注他人未注册商标而无效；因违反代理或代表的规定而无效。

3. 注册商标无效宣告申请流程

（1）商标局宣告注册商标无效的流程。

1）商标局做出宣告注册商标无效的决定，应当书面通知当事人。

2）当事人对商标局的决定不服的，可以自收到通知之日起15日内向商标评审委员会申请复审。

3）商标评审委员会应当在9个月内做出决定，并书面通知当事人。如有特殊情况需要延长复审期限的，经国务院工商行政管理部门批准，可以延长3个月。

4）当事人对商标评审委员会的决定不服的，可以自收到通知之日起30日内向人民法院起诉。

（2）其他单位或者个人请求宣告注册商标无效的流程。

1）其他单位或者个人请求商标评审委员会宣告该注册商标无效的，应当向商标评审委员会提出申请。

2）商标评审委员会收到申请后，应当书面通知有关当事人，并限期提出答辩。

3）商标评审委员会应当在9个月内做出维持注册商标或者宣告注册商标无效的裁定，并书面通知当事人。如有特殊情况需要延长期限的，经国务院工商行政管理部门批准，可以延长3个月。

4）当事人对商标评审委员会的裁定不服的，可以自收到通知之日起 30 日内向人民法院起诉。

5）人民法院在受理起诉后，应当通知商标裁定程序的对方当事人作为第三人参加诉讼。

4. 注册商标无效宣告申请时间周期

（1）15 天。商标所有人若收到商标无效宣告通知书，可以在 15 天内向商标评审委员会申请商标复审。

（2）9 个月。商标评审委员会应当在 9 个月内对复审做出决定，如有特殊情况可以延长 3 个月。

（3）30 天。若复审失败，商标所有人可以在收到通知书之日起 30 天内向人民法院提起诉讼。

5. 商标权无效的情形

（1）注册商标有明显瑕疵。

1）违反《商标法》的禁止性规定。即违反《商标法》第十条、第十一条和第十二条的有关规定。

2）以欺骗手段取得注册。这是指注册商标人申请商标注册时以虚构、隐瞒事实，或以伪造申请文件及其他相关证明文件等欺骗手段取得注册，如伪造营业执照、伪造药品或烟草管理部门的批文、伪造产地证明等。

（2）以不正当手段取得注册。商标权人采取如侵犯他人在先权利、恶意抢注、侵害他人的商业信誉等不正当手段取得注册的情形较为复杂。

1）侵犯他人在先权利。这是指申请注册的商标与他人在先取得的合法权利相冲突，实质上这一商标侵犯了他人的在先权利，如著作权、外观设计专利权、肖像权、姓名权、商号权等民事权利。这类商标权无效的原因在于，申请人将他人享有的权利作为自己的商标申请注册，这是侵权行为，是法律所不能容忍的。

2）恶意注册。这是指注册商标人申请注册时违反了诚信原则，恶意将他人有影响的商标、驰名的商标等申请注册。恶意注册的具体情形有：①抢先注册他人已经使用并有一定影响的商标；②就相同或者类似商品申请注册的商标是复制、摹仿或者翻译他人未在中国注册的驰名商标，容易导致混淆的；③就不相同或者不相类似商品申请注册的商标是复制、摹仿或者翻译他人已经在中国注册的驰名商标，误导公众，致使该驰名商标注册人的利益可能受到损害的；④未经授权，代理人或者代表人以自己的名义将被代理人或者被代表人的商标进行注册的；⑤商标中有商品的地理标志，而该商品并非来源于该标志所标示的地区，误导公众，且商标权人是恶意申请注册并获得核准的。

（3）注册商标争议。注册商标争议，是指在先注册人认为后注册的商标与自己在同种或者类似的商品或服务上注册的商标相同或近似而提出的争议。根据保护在先原则，在先注册的商标权人有权请求撤销在后注册的商标。

五、商标权的保护

（一）侵犯商标专用权的行为

（1）未经商标注册人的许可，在同专用权种商品上使用与其注册商标相同的商标的。

（2）未经商标注册人的许可，在同种商品上使用与其注册商标近似的商标，或者在类似商品上使用与其注册商标相同或者近似的商标，容易导致混淆的。

（3）销售侵犯注册商标专用权的商品的。

（4）伪造、擅自制造他人注册商标标识或者销售伪造、擅自制造的注册商标标识的。

（5）未经商标注册人同意，更换其注册商标并将该更换商标的商品又投入市场的。

（6）故意为侵犯他人商标专用权行为提供便利条件，帮助他人实施侵犯商标专用权行为的。

（7）给他人的注册商标专用权造成其他损害的。

（二）商标侵权行为的法律责任

国际上，侵犯商标权的责任主要有3种：民事责任、行政责任和刑事责任。下面以我国的有关规定为例分别阐述。

1. 民事责任

商标权民事责任是指侵权人因侵犯注册商标专用权给商标权利人造成损害而应向其承担的停止侵害、排除妨碍及赔偿损失等责任。我国《商标法》对于侵犯商标专用权的责任问题规定了以下几点。

（1）赔偿数额。我国《商标法》第六十三条规定，侵犯商标专用权的赔偿数额，按照权利人因被侵权所受到的实际损失确定；实际损失难以确定的，可以按照侵权人因侵权所获得的利益确定；权利人的损失或者侵权人获得的利益难以确定的，参照该商标许可使用费的倍数合理确定。对恶意侵犯商标专用权，情节严重的，可以按照上述方法确定数额的一倍以上三倍以下确定赔偿数额。赔偿数额应当包括权利人为制止侵权行为所支付的合理开支。

人民法院为确定赔偿数额，在权利人已经尽力举证，而与侵权行为相关的账簿、资料主要由侵权人掌握的情况下，可以责令侵权人提供与侵权行为相关的账簿、资料；

侵权人不提供或者提供虚假的账簿、资料的，人民法院可以参考权利人的主张和提供的证据判定赔偿数额。

权利人因被侵权所受到的实际损失、侵权人因侵权所获得的利益、注册商标许可使用费难以确定的，由人民法院根据侵权行为的情节判决给予300万元以下的赔偿。

（2）即发侵权的制止。我国《商标法》第六十五条规定，商标注册人或者利害关系人有证据证明他人正在实施或者即将实施侵犯其注册商标专用权的行为，如不及时制止将会使其合法权益受到难以弥补的损害的，可以依法在起诉前向人民法院申请采取责令停止有关行为和财产保全的措施。

（3）证据保全。我国《商标法》第六十六条规定，为制止侵权行为，在证据可能灭失或者以后难以取得的情况下，商标注册人或者利害关系人可以依法在起诉前向人民法院申请保全证据。

2. 行政责任

商标行政责任是指主管机关对侵犯注册商标专用权的违法行为采取的处罚措施。根据我国《商标法》第六十条的规定，对侵犯商标专用权的行为，工商行政管理部门可以采取如下措施：

（1）责令其立即停止侵权行为。

（2）没收，销毁侵权商品和专门用于制造侵权商品、伪造注册商标标识的工具。

（3）处以罚款，违法经营额5万元以上的，可以处违法经营额5倍以下的罚款，没有违法经营额或者违法经营额不足5万元的，可以处25万元以下的罚款。

3. 刑事责任

商标刑事责任是指行为人的侵权行为情节或后果严重，构成了《中华人民共和国刑法》（以下简称《刑法》）中规定的犯罪行为，因此要受到刑事制裁。

我国《商标法》第六十七条规定，未经商标注册人许可，在同一种商品上使用与其注册商标相同的商标，构成犯罪的，除赔偿被侵权人的损失外，依法追究刑事责任。

伪造、擅自制造他人注册商标标识或者销售伪造、擅自制造的注册商标标识，构成犯罪的，除赔偿被侵权人的损失外，依法追究刑事责任。

销售明知是假冒注册商标的商品，构成犯罪的，除赔偿被侵权人的损失外，依法追究刑事责任。

我国《商标法》第六十八条规定，商标代理机构有下列行为之一的，由工商行政管理部门责令限期改正，给予警告，处1万元以上10万元以下的罚款；对直接负责的主管人员和其他直接责任人员给予警告，处5000元以上5万元以下的罚款；构成犯罪的，依法追究刑事责任。

（1）办理商标事宜过程中，伪造、变造或者使用伪造、变造的法律文件、印章、签名的。

（2）以诋毁其他商标代理机构等手段招徕商标代理业务或者以其他不正当手段扰乱商标代理市场秩序的。

（3）违反《商标法》第十九条第三款、第四款规定的。

商标代理机构有上述规定行为的，由工商行政管理部门记入信用档案；情节严重的，商标局、商标评审委员会可以决定停止受理其办理商标代理业务，予以公告。

商标代理机构违反诚实信用原则，侵害委托人合法利益的，应当依法承担民事责任，并由商标代理行业组织按照章程规定予以惩戒。

（三）商标侵权纠纷的解决方式

因侵犯商标权引起的纠纷有3种解决方式：①当事人协商解决；②商标注册人或者利害关系人向法院提起诉讼；③请求相关行政主管部门处理。

在我国，工商行政管理部门有权认定侵权行为，并采取执法措施责令停止侵权行为，没收、销毁侵权商品和专门用于制造侵权商品、伪造注册商标标识的工具，并可处以罚款。若当事人不服责令其停止侵权的行政处理决定，可依法提起行政诉讼；侵权人期满不起诉又不履行的，工商行政管理部门可以申请人民法院强制执行。

通过行政机关解决侵犯商标权的纠纷在程序上比较简单，且从制止侵权行为的目的来看也是有效的，但是被侵权人不可能通过这种行政查处得到民事赔偿。行政部门只能在查处过程中就民事赔偿问题进行调解，如果双方无法达成协议，而被侵权人仍希望获得民事赔偿，只能向人民法院提起诉讼。发生侵权时被侵权人也可以直接向人民法院提起侵权诉讼，诉讼是最终的解决途径。即使经过工商行政管理机关处理的案件，当事人不服的仍可向人民法院起诉，通过司法途径提出各种民事救济请求。

【任务实施】

（1）完成代理记账师岗位基础与认知（CMAC四级）配套章节练习。

（2）完成代理记账师岗位基础与认知（CMAC四级）平台任务（参考CMAC试题操作指南）。

任务二 专利法

【任务描述】
（1）了解专利法概述；
（2）了解专利权的对象；
（3）了解专利权的授予条件；
（4）了解专利权的取得程序；
（5）了解专利权的保护。

【知识储备】

一、专利法概述

（一）专利的含义

专利，从字面上是指专有的权利和利益。"专利"一词来源于拉丁语 Litterae Patentes，意为公开的信件或公共文献，是中世纪的君主用来颁布某种特权的证明，后来指英国国王亲自签署的独占权利证书。

在现代，专利一般是由政府机关或者代表若干国家的区域性组织根据申请而颁发的一种文件，这种文件记载了发明创造的内容，并且在一定时期内产生这样一种法律状态，即获得专利的发明创造在一般情况下他人只有经专利权人许可才能予以实施。在我国，专利分为发明、实用新型和外观设计三种类型。

在我国，专利的含义有两种：①口语中的使用，仅仅指的是"独自占有"，例如"这仅仅是我的专利"；②知识产权中的三重意思（即专利权，专利技术和专利证书或专利文献），比较容易混淆。

（二）专利权的概念及特征

1. 专利权的概念

专利权是指专利权人在法定期限内对特定发明创造、实用新型或外观设计享有的专有的、垄断性的，任何第三人非经其许可都不允许实施的权利。专利权与著作权不同，著作权是自动取得的，只要著作权人创作完成作品就取得著作权，而专利权必须经过发明人申请，由专利主管机关授予才能取得。

2. 专利权的特征

（1）专利权来源于国家法定机构的依法授予。

（2）专利权的客体具有公开性。

（3）专利权具有独占性。

（4）专利权具有地域性、时间性。

（三）专利法的概念、特征及作用

1. 专利法的概念

专利法是确认发明人（或其权利继受人）对其发明享有专有权，规定专利权的取得与消灭、专利权的实施与保护，以及其他专利权人的权利和义务的法律规范的总称。

2. 专利法的特征

（1）专利法属于国内法。

（2）专利法属于特别法。

（3）专利法是实体法与程序法的统一。

（4）专利法随着科技的发展而发展。

3. 专利法的作用

（1）鼓励智力创新，推进科技进步。

（2）有效配置资源，避免重复劳动。

（3）促进发明创造的推广使用。

（4）促进国际技术的交流与合作。

（四）专利法的发展历史

英格兰国王亨利三世（1207—1272）于1236年将制作各色布的15年垄断权授予波尔多的一个市民，西方国家认为这是最早的一项专利。实际上，这只是封建特权的一种形式，并非现代意义上的专利。第一个建立专利制度的国家是威尼斯共和国，它于1474年颁布了第一部具有近代特征的专利法，1476年2月20日即批准了第一项有记载的专利。一般认为，英国于1624年制定的《垄断法规》是现代专利法的开始，对以后各国的专利法影响很大，德国法学家约瑟夫·柯勒（Josef kohler）曾称之为"发明人权利的大宪章"。从18世纪末到19世纪末，美国(1790)、法国(1791)、西班牙(1820)、德国(1877)、日本(1826)等国家陆续制定了专利法。到了20世纪，特别是第二次世界大战结束以后，工业发达国家陆续对专利法进行了修订，许多发展中国家也都制定了专利法。20世纪60年代以来，阿尔及利亚（1966），巴西（1969~1971），印度、秘鲁、尼日利亚和伊拉克（1970），委内瑞拉、哥伦比亚（1971），墨西哥（1976），南斯拉夫（1981），都修订或重新颁布了专利法。阿根廷、叙利亚等国也对专利法进行了重大修改。阿尔及利亚和保加利亚、捷克斯洛伐克、民主德国、苏联等国，除建立专利制度外，还采用发明人证书制度，取得发明人证书后，发明权归国家所有，发明人取得一定奖励，但不能拒绝经国家批准的其他人使用其发明。墨西哥则采用发明证书制度，发明人有权实施发明，但不能拒绝其他人使用，而可以取得国家批准的一定报酬。

世界上拥有自己专利制度的国家和地区已有150多个，而且专利法也日益国际化，如1884年生效的《巴黎公约》、1970年签订的《专利合作条约》、1971年签订的《专利国际分类斯特拉斯堡协定》、1973年签订的《欧洲专利公约》、1975年订立的《欧洲共同体专利公约》、1975年签订的《卢森堡公约》以及1977年签订的非洲知识产权组织《班吉协定》等。

（五）我国专利法的发展历史

1881年，实业家郑观应就上海机器织布局采用的机器织布技术，向清政府申请专利。1882年，清政府批准该局可享有10年专利，这是我国历史上较有影响的"钦赐"专利，它已经比西方国家的类似进程迟了300多年。

1898年，"戊戌变法"期间，清政府颁布《振兴工艺给奖章程》，这是我国历史上的第一部专利法。虽然并未付诸实施，但它标志着"专利"在我国开始由"特权"向作为财产权的某种现代民事权利演化了。

1944年，中华民国政府颁布的《中华民国专利法》。中华人民共和国成立后，政务院于1950年颁布了《保障发明权与专利权暂行条例》。侯德榜发明的侯氏制碱法就是根据该条例取得专利权的一项发明。这一条例后由1963年颁布的《发明奖励条例》所取代。1980年1月，中国政府正式筹建专利制度，后又成立了中国专利局。1984年3月，全国人民代表大会常务委员会通过并颁布了《专利法》，于1985年4月1日起施行。

我国《专利法》自1985年实施以来，为适应国际国内专利保护制度的不断变化，历经了1992年、2000年、2008年三次修法。其修正内容以《专利法》为主干，辅之以《中华人民共和国专利法实施细则》与《专利审查指南》等法规、规章以及规范性文件的修改。

1. 第一次修正

《专利法》于1992年进行第一次修正，并于同年9月4日开始施行。

这是我国专利制度发展过程中的一个新起点。修正《专利法》是我国深化改革、扩大开放、发展社会主义市场经济的需要，也是知识产权保护国际化发展趋势的需要。修正后的《专利法》为我国恢复《关税与贸易总协定》缔约国地位创造了条件。

2. 第二次修正

为迎合我国社会主义市场经济体制的完善和科技的快速发展以及我国加入世界贸易组织对《专利法》提出的新要求，解决《专利法》在实施中的新问题，我国于2000年对《专利法》进行了第二次修正，由中华人民共和国主席令第36号颁布，并于2001年7月1日正式施行。

3. 第三次修改

近年来，因知识产权尤其是专利问题引发的贸易摩擦频繁发生，这种新形势加剧了我国进一步完善专利法体系的迫切需要。2007年，中央明确提出"实施知识产权战略"。2008年，国务院审议并原则通过《国家知识产权战略纲要》。在此基础之上，我国《专利法》的第三次修正于2008年年底完成，并自2009年10月1日起施行。与之前的《专利法》相比，第三次修正后的《专利法》有许多方面的进步，其中最重要的变化就是明确了通过保护专利权人的合法权益，以提高创新能力来促进经济社会发展。

二、专利权的对象

（一）授予专利权的对象

1. 发明

（1）发明的概念：发明是指对产品、方法或者其改进所提出的新技术方案。

（2）发明的种类

1）产品发明：是指关于各种新产品、新材料、新物质等的技术方案，如人工牛黄、人工胰岛素、人工金刚石等。

2）方法发明：是指为制造产品而开发的方法、工艺流程等技术方案，如地膜覆盖种植方法、珍珠的培育方法等。

（3）分类的意义。

在专利申请过程中，不同的发明所提交的专利申请文件有所不同，其撰写内容也有所不同。

在取得专利权后，因发明种类不同，专利权人行使权力的方式不同，专利权的效力范围也不同。产品发明专利权仅及于其产品本身，而方法发明专利权不仅及于方法本身，且及于用该方法直接获得的产品。

在专利侵权诉讼中，因发明的种类不同而导致其举证责任不同。产品发明专利被侵权后，诉讼中的举证责任在原告（即专利权人）一方；而新产品的制造方法发明专利权被授予后，诉讼中的举证责任在被告（即侵权行为人）一方。

2. 实用新型

实用新型是指对产品的形状、构造或者其组合所提出的新技术方案。

（1）实用新型只针对产品而存在，任何方法（不论是否新颖实用）都不属于实用新型专利保护的范围。

（2）作为实用新型对象的产品必须具有固定的立体形状或构造，不能是没有固定立体形状的气态产品、液态产品，也不能是粉末状、糊状、颗粒状的固态产品。

（3）作为实用新型对象的产品必须具有实用性，能够在工业上应用。

（4）作为实用新型对象的产品必须是可自由移动的物品，不可移动的物品不能作为实用新型申请专利。

3. 外观设计

外观设计是指对产品的形状、图案或者其结合以及色彩与形状、图案的结合所做出的富有美感的并适于工业应用的新设计。

我国台湾地区的专利法将其称为"新式样"，并定义为"凡对物品之形状、花纹、色彩首先创作适于美感之新式样者"。

外观设计保护的对象是该设计本身，而不是负载该设计的物品。

（二）不授予专利权的对象

（1）对违反法律、社会公德或者妨害公共利益的发明创造，不授予专利权。对违反法律、行政法规的规定获取或者利用遗传资源，并依赖该遗传资源完成的发明创造，不授予专利权。例如，用于赌博的设备、机器或工具；吸毒的器具等不能被授予专利权。发明创造本身的目的并没有违反国家法律，但是由于被滥用而违反国家法律的，则不属此列。

（2）科学发现。科学发现是指对自然界中客观存在的现象、变化过程及其特性和规律的揭示。科学理论是对自然界认识的总结，是更为广义的发现。它们都属于人们认识的延伸。这些被认识的物质、现象、过程、特性和规律不同于改造客观世界的技术方案，不是专利法意义上的发明创造，因此不能被授予专利权。

（3）智力活动的规则和方法。智力活动是指人的思维运动，它源于人的思维，经过推理、分析和判断产生抽象的结果，或者必须经过人的思维运动作为媒介才能间接地作用于自然产生结果。它仅是指导人们对信息进行思维、识别、判断和记忆的规则与方法，由于其没有采用技术手段或者利用自然法则，也未解决技术问题和产生技术效果，因而不构成技术方案。例如，交通规则、各种语言的语法、速算法或口诀、心理测验方法、游戏规则和方法、乐谱、食谱、棋谱等。

（4）疾病的诊断和治疗方法。它是以有生命的人或者动物为直接实施对象，进行识别、确定或消除病因、病灶的过程。将疾病的诊断和治疗方法排除在专利保护范围之外，是出于人道主义的考虑和社会伦理原因，医生在诊断和治疗过程中应当有选择各种方法与条件的自由。另外，这类方法直接以有生命的人体或动物体为实施对象，理论上认为不属于产业，无法在产业上利用，不属于专利法意义上的发明创造。例如诊脉法、心理疗法、按摩、为预防疾病而实施的各种免疫方法、以治疗为目的的整容或减肥技术等。但是药品或医疗器械可以申请专利。

（5）动物和植物品种。动物和植物品种不授予专利权。但是对于动物和植物品种的生产方法，可以依照《专利法》的规定授予专利权。

（6）用原子核变换方法获得的物质。

（7）对平面印刷品的图案、色彩或者二者的结合做出的主要起标识作用的设计。

三、专利权的授予条件

（一）授予专利权的发明和实用新型

授予专利权的发明和实用新型应当具备新颖性、创造性、实用性。

1. 新颖性

新颖性是指该发明或者实用新型不属于现有技术（现有技术是指申请日以前在国内外为公众所知的技术），也没有任何单位或者个人就同样的发明或者实用新型在申请日以前向国务院专利行政部门提出过申请，并记载在申请日以后公布的专利申请文件或者公告的专利文件中。

2. 创造性

创造性是指与现有技术相比，该发明具有突出的实质性特点和显著的进步，该实用新型具有实质性特点和进步。

创造性具有以下特点：

（1）将申请的技术同申请日以前已有的技术相比。

（2）以同一个技术领域中等水平的专业人员的认识作为判断的标准。

3. 实用性

实用性是指该发明或者实用新型能够制造或者使用，并且能够产生积极效果。

实用性具有以下特点：

（1）可实施性，指技术方案已经完成并符合自然规律和科学原理。

(2)再现性。

(3)有益性。

《专利法》第二十四条规定,申请专利的发明创造在申请日以前六个月内,有下列情形之一的,不丧失新颖性:

(1)在中国政府主办或者承认的国际展览会上首次展出的。

(2)在规定的学术会议或者技术会议上首次发表的。

(3)他人未经申请同意而泄露其内容的。

(二)授予专利权的外观设计

《专利法》第二十三条规定,授予专利权的外观设计,应当不属于现有设计;也没有任何单位或者个人就同样的外观设计在申请日以前向国务院专利行政部门提出过申请,并记载在申请日以后公告的专利文件中。授予专利权的外观设计与现有设计或者现有设计特征的组合相比,应当具有明显区别。授予专利权的外观设计不得与他人在申请日以前已经取得的合法权利相冲突。《专利法》所称现有设计,是指申请日以前在国内外为公众所知的设计。

四、专利权的取得程序

(一)专利权的申请

专利权的申请是指享有专利权的个人或单位向国务院专利行政部门提出的请求授予其专利权的意思表示。

1. 申请要求

申请发明或者实用新型专利的,应当提交请求书、说明书及其摘要和权利要求书等文件。请求书应当写明发明或者实用新型的名称,发明人的姓名,申请人姓名或者名称、地址,以及其他事项。说明书应当对发明或者实用新型做出清楚、完整的说明,以所属技术领域的技术人员能够实现为准;必要的时候,应当有附图。摘要应当简要说明发明或者实用新型的技术要点。权利要求书应当以说明书为依据,清楚、简要地限定要求专利保护的范围。依赖遗传资源完成的发明创造,申请人应当在专利申请文件中说明该遗传资源的直接来源和原始来源;申请人无法说明原始来源的,应当陈述理由。

申请外观设计专利的,应当提交请求书、该外观设计的图片或者照片以及对该外观设计的简要说明等文件。申请人提交的有关图片或者照片应当清楚地显示要求专利保护的产品的外观设计。

2. 申请日的确定

专利申请日是国务院专利行政部门收到专利申请文件的日期。确定专利申请日应当注意以下问题：

（1）如果申请文件是邮寄的，以寄出的邮戳日为申请日。

（2）专利申请人享有优先权的，以优先权日为申请日。

3. 申请的原则

（1）单一性原则。专利申请的单一性原则，是指一份专利申请文件只能就一项发明创造提出专利申请，即"一申请一发明"原则。

《专利法》第三十一条规定，一件发明或者实用新型专利申请应当限于一项发明或者实用新型。属于一个总的发明构思的两项以上的发明或者实用新型，可以作为一件申请提出。一件外观设计专利申请应当限于一项外观设计。同一产品两项以上的相似外观设计，或者用于同一类别并且成套出售或者使用的产品的两项以上外观设计，可以作为一件申请提出。

（2）优先申请原则。优先申请原则，是指两个或两个以上的人分别就同样的发明创造申请专利的，专利权授予先申请者。

（3）优先权原则。优先权是专利申请人自首次提出申请后，又就同样专利或主题在一定时间内提出申请时享有的依首次申请日进行审查的一种权利；优先权分为国际优先权和国内优先权。

对发明和实用新型专利申请来说，优先权的期限是12个月，对于外观设计是6个月。

优先权是请求权，在申请提出时书面申请，三个月内提交首次专利申请副本。

《专利法》第二十九条规定，申请人自发明或者实用新型在外国第一次提出专利申请之日起12个月内，或者自外观设计在外国第一次提出专利申请之日起6个月内，又在中国就相同主题提出专利申请的，依照该外国同中国签订的协议或者共同参加的国际条约，或者依照相互承认优先权的原则，可以享有优先权。申请人自发明或者实用新型在中国第一次提出专利申请之日起12个月内，又向国务院专利行政部门就相同主题提出专利申请的，可以享有优先权。

《专利法》第三十条规定，申请人要求优先权的，应当在申请的时候提出书面声明，并且在3个月内提交第一次提出的专利申请文件的副本；未提出书面声明或者逾期未提交专利申请文件副本的，视为未要求优先权。

4. 申请的撤回与修改

《专利法》第三十二条规定，申请人可以在被授予专利权之前随时撤回其专利申请。

《专利法》第三十三条规定，申请人可以对其专利申请文件进行修改，但是，对发明和实用新型专利申请文件的修改不得超出原说明书和权利要求书记载的范围，对外观设计专利申请文件的修改不得超出原图片或者照片表示的范围。

（二）专利申请的审查

1. 初步审查

初步审查，又称形式审查。专利行政部门在受理发明专利申请后，应该对该申请在形式上是否符合《专利法》的规定进行审查。专利行政部门在初步审查后，应将审查意见通知申请人，要求其在指定的期限内，陈述意见或者补正；申请人期满未答复的，其申请视为撤回。申请人陈述意见或者补正后，专利行政部门仍认为不符合《专利法》规定的形式要求的，应当予以驳回。

2. 早期公开

专利行政部门经初步审查认为符合《专利法》要求的，自申请日起满18个月，即行公布。专利行政部门可以根据申请人的请求早日公布其申请。申请人请求早日公布其发明专利申请的，应当向专利行政部门声明。专利行政部门对该申请进行初步审查后，除予以驳回的外，应当立即将申请予以公布。

3. 实质审查

对发明专利申请的实质审查，是指对申请专利的发明的新颖性、创造性、实用性等实质要件进行审查。

发明专利申请自申请日起3年内，专利行政部门可以根据申请人随时提出的请求，对其申请进行实质审查；申请人无正当理由逾期不请求实质审查的，该申请即被视为撤回。同时，专利行政部门认为必要的时候，可以自行对发明专利申请进行实质审查，但应当通知申请人。

专利行政部门对发明专利申请进行实质审查后，认为不符合《专利法》规定的，应当通知申请人，要求其在指定的期限内陈述意见，或者对其申请进行修改；无正当理由逾期不答复的，该申请即视为撤回。发明专利申请经申请人陈述意见或者进行修改后，专利行政部门仍然认为不符合《专利法》规定的，应当予以驳回。

4. 批准与授予

（1）发明专利申请经实质审查没有发现驳回理由的，由专利行政部门做出授予发明专利权的决定，发给发明专利证书，同时予以登记和公告。发明专利权自公告之日起生效。

（2）实用新型和外观设计专利申请经初步审查没有发现驳回理由的，由专利行政部门做出授予实用新型专利权或者外观设计专利权的决定，发给相应的专利证书，同时予以登记和公告，实用新型专利权和外观设计专利权自公告之日起生效。

(三)专利申请的复查

专利行政部门设立专利复审委员会。专利申请人对专利行政部门驳回申请的决定不服的,可以自收到通知之日起3个月内,向专利复审委员会请求复审。专利复审委员会复审后,做出决定,并通知专利申请人。

专利申请人对复审委员会的复审决定不服的,可以自收到通知之日起3个月内向人民法院起诉。

五、专利权的保护

(一)专利权的保护范围

1. 发明、实用新型专利权的保护范围

发明或者实用新型专利权的保护范围以其权利要求的内容为准,说明书及附图可以用于解释权利要求的内容。

2. 外观设计专利权的保护范围

外观设计专利权的保护范围以表示在图片或者照片中的该产品的外观设计为准,简要说明可以用于解释图片或者照片所表示的该产品的外观设计。

(二)专利侵权行为

1. 专利侵权行为的概念

专利侵权行为是指行为人未经权利人许可以营利为目的实施他人专利或者给他人专利权造成其他侵害的行为。

2. 专利侵权行为的表现形式

专利侵权行为的表现形式包括直接侵权行为、间接侵权行为、假冒专利的行为以及冒充专利的行为。

(1)直接侵权行为。直接侵权行为是指直接由行为人实施的侵犯他人专利权的行为。其表现形式包括:

1)制造发明、实用新型、外观设计专利产品的行为。

2)使用发明、实用新型专利产品的行为。

3)许诺销售发明、实用新型、外观设计专利产品的行为。

4)销售发明、实用新型、外观设计专利产品的行为。

5)进口发明、实用新型、外观设计专利产品的行为。

6)使用专利方法以及使用、许诺销售、销售、进口依照该专利方法直接获得的产品的行为。

7）假冒他人专利的行为。为生产经营目的使用或者销售不知道是未经专利权人许可而制造并售出的专利产品或者依照专利方法直接获得的产品，能证明其产品合法来源的，仍然属于侵犯专利权的行为，需要停止侵害但不承担赔偿责任。

（2）间接侵权行为。间接侵权行为是指行为人本身的行为并不直接构成对专利权的侵害，但实施了诱导、怂恿、教唆、帮助他人侵害专利权的行为。间接侵权行为通常是为直接侵权行为制造条件，常见的表现形式有：行为人销售专利产品的零部件、专门用于实施专利产品的模具或者用于实施专利方法的机械设备；行为人未经专利权人授权或者委托，擅自转让其专利技术的行为等。

间接侵犯行为要注意以下两点：

1）未经专利权人授权或者委托，擅自转让其专利技术的行为。此时受让人若利用了该项专利技术制造了专利产品，那么受让人和转让人构成共同侵权，要承担连带责任。

2）其他诱导、怂恿、教唆、帮助他人侵权的行为。此时行为人与侵权人构成共同侵权，承担连带责任。

（3）假冒专利的行为。假冒专利的行为是指未经专利权人许可，擅自使用其专利标记的行为。具体包括以下几种：

1）未经许可，在其制造或者销售的产品、产品的包装上标注他人的专利号。

2）未经许可，在广告或者其他宣传材料中使用他人的专利号，使人将所涉及的技术误认为是他人的专利技术。

3）未经许可，在合同中使用他人的专利号，使人将合同涉及的技术误认为是他人的专利技术。

4）伪造或者变造他人的专利证书、专利文件或者专利申请文件。

（4）冒充专利的行为。冒充专利的行为是指以非专利产品冒充专利产品、以非专利方法冒充专利方法的行为，包括以下几种：

1）制造或者销售标有专利标记的非专利产品。

2）专利权被宣告无效后，继续在制造或者销售的产品上标注专利标记。

3）在广告或者其他宣传材料中将非专利技术称为专利技术。

4）在合同中将非专利技术称为专利技术。

5）伪造或者变造专利证书、专利文件或者专利申请文件。

（三）侵犯专利权的法律责任

根据有关法律的规定，专利侵权行为人应当承担的法律责任包括民事责任、行政责任与刑事责任。

1. 行政责任

对专利侵权行为，管理专利工作的部门有权责令侵权行为人停止侵权行为、责令改正、罚款等。管理专利工作的部门应当事人的请求，还可以就侵犯专利权的赔偿数额进行调解。

2. 民事责任

（1）停止侵权。停止侵权是指专利侵权行为人应当根据管理专利工作的部门的处理决定或者人民法院的裁判，立即停止正在实施的专利侵权行为。

（2）赔偿损失。侵犯专利权的赔偿数额按照权利人因被侵权所受到的实际损失确定；实际损失难以确定的，可以按照侵权人因侵权所获得的利益确定。权利人的损失或者侵权人获得的利益难以确定的，参照该专利许可使用费的倍数合理确定。

（3）消除影响。当侵权行为人实施侵权行为给专利产品在市场上的商誉造成损害时，侵权行为人应当采用适当的方式承担消除影响的法律责任，承认自己的侵权行为，以消除对专利产品造成的不良影响。

3. 刑事责任

依照《专利法》和《刑法》的规定，假冒他人专利，情节严重的，应对直接责任人员追究刑事责任。

如果行为人涉嫌专利侵权的话，那么其承担的责任是三方面的，包括行政责任、刑事责任以及民事责任。

4. 法条依据

《专利法》第六十条规定，未经专利权人许可，实施其专利，即侵犯其专利权，引起纠纷的，由当事人协商解决；不愿协商或者协商不成的，专利权人或者利害关系人可以向人民法院起诉，也可以请求管理专利工作的部门处理。管理专利工作的部门处理时，认定侵权行为成立的，可以责令侵权人立即停止侵权行为，当事人不服的，可以自收到处理通知之日起 15 日内依照《中华人民共和国行政诉讼法》向人民法院起诉；侵权人期满不起诉又不停止侵权行为的，管理专利工作的部门可以申请人民法院强制执行。进行处理的管理专利工作的部门应当事人的请求，可以就侵犯专利权的赔偿数额进行调解；调解不成的，当事人可以依照《中华人民共和国民事诉讼法》向人民法院起诉。

《专利法》第六十一条规定，专利侵权纠纷涉及新产品制造方法的发明专利的，制造同样产品的单位或者个人应当提供其产品制造方法不同于专利方法的证明。专利侵权纠纷涉及实用新型专利或者外观设计专利的，人民法院或者管理专利工作的部门可以要求专利权人或者利害关系人出具由国务院专利行政部门对相关实用新型或者外观设计进行检索、分析和评价后做出的专利权评价报告，作为审理、处理专利侵权纠纷的证据。

《专利法》第六十二条规定，在专利侵权纠纷中，被控侵权人有证据证明其实施的技术或者设计属于现有技术或者现有设计的，不构成侵犯专利权。

《专利法》第六十三条规定，假冒专利的，除依法承担民事责任外，由管理专利工作的部门责令改正并予公告，没收违法所得，可以并处违法所得4倍以下的罚款；没有违法所得的，可以处20万元以下的罚款；构成犯罪的，依法追究刑事责任。

《专利法》第六十四条规定，管理专利工作的部门根据已经取得的证据，对涉嫌假冒专利行为进行查处时，可以询问有关当事人，调查与涉嫌违法行为有关的情况；对当事人涉嫌违法行为的场所实施现场检查；查阅、复制与涉嫌违法行为有关的合同、发票、账簿以及其他有关资料；检查与涉嫌违法行为有关的产品，对有证据证明是假冒专利的产品，可以查封或者扣押。管理专利工作的部门依法行使上述规定的职权时，当事人应当予以协助、配合，不得拒绝、阻挠。

《专利法》第六十五条规定，侵犯专利权的赔偿数额按照权利人因被侵权所受到的实际损失确定；实际损失难以确定的，可以按照侵权人因侵权所获得的利益确定。权利人的损失或者侵权人获得的利益难以确定的，参照该专利许可使用费的倍数合理确定。赔偿数额还应当包括权利人为制止侵权行为所支付的合理开支。权利人的损失、侵权人获得的利益和专利许可使用费均难以确定的，人民法院可以根据专利权的类型、侵权行为的性质和情节等因素，确定给予1万元以上100万元以下的赔偿。

（四）专利诉讼的特殊问题

1. 诉前禁令

《专利法》第六十六条规定，专利权人或者利害关系人有证据证明他人正在实施或者即将实施侵犯专利权的行为，如不及时制止将会使其合法权益受到难以弥补的损害的，可以在起诉前向人民法院申请采取责令停止有关行为的措施。申请人提出申请时，应当提供担保；不提供担保的，驳回申请。人民法院应当自接受申请之时起48小时内做出裁定；有特殊情况需要延长的，可以延长48小时。裁定责令停止有关行为的，应当立即执行。当事人对裁定不服的，可以申请复议一次；复议期间不停止裁定的执行。申请人自人民法院采取责令停止有关行为的措施之日起15日内不起诉的，人民法院应当解除该措施。申请有错误的，申请人应当赔偿被申请人因停止有关行为所遭受的损失。

2. 证据保全

《专利法》第六十七条规定，为了制止专利侵权行为，在证据可能灭失或者以后难以取得的情况下，专利权人或者利害关系人可以在起诉前向人民法院申请保全证据。人民法院采取保全措施，可以责令申请人提供担保；申请人不提供担保的，驳回申请。人民法院应当自接受申请之时起 48 小时内做出裁定；裁定采取保全措施的，应当立即执行。申请人自人民法院采取保全措施之日起 15 日内不起诉的，人民法院应当解除该措施。

3. 诉讼时效

《专利法》第六十八条规定，侵犯专利权的诉讼时效为两年，自专利权人或者利害关系人得知或者应当得知侵权行为之日起计算。发明专利申请公布后至专利权授予前使用该发明未支付适当使用费的，专利权人要求支付使用费的诉讼时效为两年，自专利权人得知或者应当得知他人使用其发明之日起计算，但是，专利权人于专利权授予之日前即已得知或者应当得知的，自专利权授予之日起计算。

【任务实施】

（1）完成代理记账师岗位基础与认知（CMAC 四级）配套章节练习。

（2）完成代理记账师岗位基础与认知（CMAC 四级）平台任务（参考 CMAC 试题操作指南）。

任务三　著作权法

【任务描述】

（1）了解著作权的概念；

（2）了解著作权法的概念；

（3）了解著作权的客体；

（4）了解受著作权法保护的作品；

（5）了解著作权法有关作品的排除范围；

（6）了解著作权的主体；

（7）了解著作权的保护。

【知识储备】

一、著作权的概念

（一）广义的著作权与狭义的著作权

著作权是指著作权人对其创作的文学、艺术和科学作品等智力成果依法享有的专有权利。

著作权通常有广义和狭义之分：狭义的著作权仅指作者对其作品依法享有的权利；广义的著作权既包括狭义的著作权内容，还包括著作邻接权，即作品传播者依法享有的权利，如艺术表演者的权利、录音录像制品制作者的权利、广播电视组织的权利、图书和报刊出版者的权利等。

（二）著作权制度的产生与发展

著作权过去称为版权。版权的英文名称是 Copyright，也就是复制权。这是因为过去印刷术不普及，当时的社会认为附随于著作物最重要的权利莫过于将之印刷出版之权。不过随着时代演进及科技的进步，著作的种类逐渐增加。

（1）1709 年，英国颁布《安妮女王法令》，这是人类历史上第一部保护作者权利的法律。认作者权利主体，从保护出版商的利益转向保护作者的财产利益，授予作者以财产权性质的版权，标志着著作权法律制度的诞生。

（2）18 世纪末到 19 世纪初，是著作权的完善阶段，以 1793 年法国《著作权法》为代表，欧洲大陆法系各国认为作者和作品是密不可分的，著作权不能局限于财产权范畴，更应当保护作者的精神权利。

（3）19 世纪中叶开始了现代版权保护阶段，著作权保护进入了国际化阶段。

二、著作权法的概念

著作权法是指调整文学、艺术和科学技术领域内因创作和使用、传播作品而产生的各种社会关系的法律规范的总和。

我国现行的著作权法主要指于 2010 年 2 月 26 日修正通过，自 2010 年 4 月 1 日起施行的《中华人民共和国著作权法》（以下简称《著作权法》）；著作权法还包括一系列与著作权相关的法律、法规、司法解释。

我国主要的著作权法律法规：

(1)《中华人民共和国著作权法》(2010年修正)
(2)《中华人民共和国著作权法实施条例》(2013年修订)
(3)《计算机软件保护条例》(2013年修订)
(4)《信息网络传播权保护条例》(2013年修订)
(5)《著作权集体管理条例》(2013年修订)
(6)《最高人民法院关于审理著作权民事纠纷案件适用法律若干问题的解释》(2002年)现在我国已形成相对完整的著作权法律体系。

三、著作权的客体

著作权的客体是指由《著作权法》所保护的作品。作品是著作权赖以产生和存在的基础。著作权人所享有的著作权都是因作品的产生而取得,所以要了解《著作权法》,就必须首先搞清楚什么是"作品"。

"作品"是人们在日常生活中经常使用的词汇。人们常把自己创造出来的各种各样的东西称为"作品",大至精心策划的企业营销策略,小到一件衣服式样的剪裁、设计和改进等,但这些不一定都是我国《著作权法》所保护的作品。

(一)作品的概念

作品是指文学、艺术和科学领域内,具有独创性并能以某种有形形式复制的智力创作成果。作品是著作权存在的基础,也是确认作者的前提。

作品具有以下特点:

(1)作品是一种智力成果,反映了作者的思想感情及对客观世界的认识,是一种以文字、符号等形式所反映出的智力成果,具有非物质性的特点。

非智力创作成果,比如按菜谱加工制作出来的菜肴和食品等,不是这里的"作品"。

(2)作品与载体不同,载体是附载作品的物质实体,是有形财产所有权的对象。如载有科技论文的杂志、存有计算机程序的光盘等。

(二)作品的构成要件

1. 范围有限性

范围有限性,是指并非任何领域的智力成果都能成为作品。作品是属于文学、艺术和科学范围的创作。

创作是直接产生文学、艺术和科学作品的智力活动,即未从文字、图表等具体载体表达出来的智力成果,不能成为作品。

保护作品的价值在于审美和认知的需要。比如,《著作权法》所保护的美术作品的价值在于审美;又如,《著作权法》所保护的计算机软件中的计算机程序,其价值在于功能性,而不在于欣赏性,计算机程序的目的就是经运行后得到某种结果,即实现一定的功能;再如,《著作权法》所保护的工程设计图、产品设计图仅指以印刷、复印、翻拍等复制形式使用设计图,不包括按照工程设计图、产品设计图进行施工、生产。

技术成果不属于"作品",不由《著作权法》保护,而由《专利法》保护。

2. 独创性

独创性是指作品由作者独立构思创作而完成,而不是抄袭、剽窃、篡改他人的作品得来的。就《著作权法》保护的计算机软件来说,受保护的软件必须是由开发者独立开发的,而非复制、抄袭、剽窃他人已开发的软件。

独创性具体表现为:

(1)独创性是指独立完成,作者运用自己的方法和习惯将思想或情感通过文学、艺术、科学等作品形式表达出来,且仅针对作品的表达形式而言,并不延及作品的思想主题,即《著作权法》保护表达,不保护思想。

对计算机软件著作权的保护不延及开发软件所用的思想、处理过程、操作方法或者数学概念等。比如,算法属于思想范畴,不应受《著作权法》保护,但程序作为算法的表达可以获得《著作权法》保护;再如,某人将他人的小说改编成电影文学剧本,即使剧本和小说的内容完全相同,但是由于剧本与小说的表达形式不同,剧本的作者仍然对剧本享有著作权。

(2)独创性不同于《专利法》对发明创造规定的新颖性、创造性。《著作权法》不排斥他人再创作同样主题的作品。不同的作者就相同的思想题材进行创作,只要是作者各自独立创作完成的,那么,他们分别就其创作各自享有著作权。如独立开发与他人计算机软件功能类似的软件,并不构成侵权,享有软件著作权。

3. 可复制性

作品必须能够以某种形式复制其所表现的智力创作成果,从而能够被他人通过感官所感知并能够通过复制对作品加以传播和利用。

(1)他人无法感知的思想不能称之为作品。如表现为书写、绘画、摄影、录音等形式,通过人的视觉、听觉等感觉器官,使人感受到、欣赏到、体会到其中的内容,从中获得新的知识或艺术享受等。

文学、艺术和科学领域内的智力创作成果必须以语言文字、绘画、摄影、音乐、舞蹈等客观形式表现出来才可以被称为"作品"。不同的表现形式产生不同的作品,比如文字作品、音乐作品、摄影作品、杂技艺术作品等,都是根据不同的表现形式对作品所做的分类。

（2）复制的表现为平面到立体、立体到平面、平面到平面和无形到有形。如复制可包括完全按照一个建筑作品建造另一建筑物；对雕塑作品进行拍摄并且该拍摄行为无独创性；按照建筑设计图进行施工。

4. 固定性

固定性是指作品能够固定于某种有体物上。如文字作品固定于纸张，摄影作品固定于胶卷，电影作品固定于胶片才能使他人感知，供人们复制。

构成作品不可缺少的实质要件包括独创性和可复制性。独创性规定了构成作品的内在要素，是此作品区别于彼作品的重要标志；可复制性规定了构成作品必备的外部要件。

四、受著作权法保护的作品

（一）一般作品

根据作品的表现形式，我国《著作权法》规定的作品共有九类，即以下列形式创作的文学、艺术和自然科学、社会科学、工程技术等作品：

1. 文字作品

文字作品，是指小说、诗词、论文等以文字形式表现的作品；文字作品的创作行为最普遍，作品数量最多，运用的领域最广，所以，世界各国的著作权法无不将文字作品的保护放在重要地位。

在现实生活中，文字作品也可以指用其他相当于语言文字的符号来表达作者的思想感情的作品。此处所说的符号包括速记符号、电讯符号、密码符号或者其他根据规定或者约定能够表达特定含义的符号。比如以文字表现的科学论文、科普读物等，以符号表现的盲文读物等。

注意：中国传统的书法作品虽然也是以文字为其外在的形式，但书法作品是以文字的外形变化来表达作品的美学价值，书法作品中的文字内容却并不重要，书法作品是美术作品的一种。

2. 口述作品

口述作品，是指即兴的演说、授课、法庭辩论等以口头语言形式表现的作品，是作者将自己的思想、情感直接或者通过一定的仪器设备向特定的或者不特定的公众进行口头语言表达所产生的作品。此类作品以口头语言创作，不具备有形的载体。

比如演说家的演讲、科技报告、学校教师的授课、律师等法律工作者的法庭辩论以及即兴的口头创作等。

注意：口述作品应当是口述即兴创作产生的，而用预先已有的文字作品加以口头表演的作品，如诗歌朗诵，就不属于口述作品，是对文字作品的表演。

我国《著作权法》将口述作品作为作品的一类给予保护，而有的国家的著作权法不保护口述作品，只有当讲演者口述的内容被固定在某种载体上时，再以相应的形式给予法律保护。

3. 音乐、戏剧、曲艺、舞蹈、杂技艺术作品

（1）音乐作品，是指歌曲、交响乐等能够演唱或者演奏的带词或者不带词的作品。

（2）戏剧作品，是指话剧、歌剧、地方戏等为舞台演出而创作的作品。

（3）曲艺作品，是指相声、快书、大鼓、评书等以说唱为主要形式表演的作品。

（4）舞蹈作品，是指通过连续的动作、姿势、表情等表现思想和情感的作品。

（5）杂技艺术作品，是指杂技、魔术、马戏等通过形体动作和技巧表现的作品。

4. 美术、建筑作品

（1）美术作品，是指绘画、书法、雕塑等以线条、色彩或者其他方式构成的具有审美意义的平面或者立体的造型艺术作品。美术作品包括纯美术作品和实用美术作品；其中纯美术作品，是指仅能够供人们观赏的独立的艺术作品，比如油画、国画、版画、水彩画等；实用美术作品，是指将美术作品的内容与具有使用价值的物体相结合，物体借助于美术作品的艺术品位而兼具观赏价值和实用价值，比如陶瓷艺术等。

（2）建筑作品，是指以建筑物或者构筑物形式表现的有审美意义的作品。以前与建筑有关的作品主要是指建筑物的设计图纸或者是以建筑物为核心的绘画、摄影等，随着建筑艺术的发展，各国的著作权法对于有审美意义的建筑物本身也作为作品的形式之一给予法律保护。

注意：工程设计图与建筑模型是作为单独客体给予保护。建筑物的构成材料、建筑方法不受著作权法保护。

5. 摄影作品

摄影作品，是指借助器械在感光材料或者其他介质上记录客观物体形象的艺术作品。这种作品是随着科学技术的进步而涌现的作品形式。

注意：翻拍照片、书刊等纯复制性行为不是创作，不是摄影作品，自动监视器拍摄的照片不属于作品。

6. 电影作品和以类似摄制电影的方法创作的作品

此类作品是指摄制在一定的介质上，由一系列有伴音或者无伴音的画面组成，并借助于适当的装置放映或者以其他方式传播的作品。

这类作品包括电影作品和电视作品以及录像作品等，也是科学技术发展的产物之一，属于综合性的艺术作品。例如，电影的母片、母带或母盘。

注意：复制性地录制他人的报告和讲课内容等而制作的录像片等不属于作品。

7. 工程设计图、产品设计图、地图、示意图等图形作品和模型作品

（1）图形作品，是指为施工和生产而绘制的工程设计图、产品设计图，以及反映地理现象、说明事物原理或者结构的地图、示意图等作品。

（2）工程设计图是指在工厂、矿山、铁路、桥梁及建筑工程建设之前，所创作的能为建设施工提供依据的设计图，一般包括初步设计、技术设计和施工等的设计图。

（3）产品设计图是指生产企业为确定产品的构成、成分、规格和各项应达到的技术经济指标而设计的平面图案，如某类电器设计图。

（4）工程设计图纸和产品设计图纸与一般的绘画作品在本质上的区别，就在于它设计的目的是用来指导施工或者生产的，具有实用性，但《著作权法》所保护的工程设计图、产品设计图仅指以印刷、复印、翻拍等复制形式使用设计图，不包括按照工程设计图、产品设计图进行施工、生产；而一般的绘画作品是为了欣赏、装饰或者表达某种思想或者情感的。

（5）地图是指运用符号和地图制图原则表示地面自然和社会现象的图，如地理图、政区图、交通图等。

（6）示意图是指用简单的线条或符号来显示某一概念和现象的图形作品，如电视机电路图。

（7）模型作品，是指为展示、试验或者观测等用途，根据物体的形状和结构，按照一定比例制成的立体作品。比如，机器产品模型、商品房售楼处的楼房模型等就属于模型作品。

8. 计算机软件

计算机软件是指计算机程序和有关文档。计算机程序是指为了得到某种结果而可以由计算机等具有信息处理能力的装置执行的代码化指令序列，或者可以被自动转换成代码化指令序列的符号化指令序列或者符号化语句序列。

同一计算机程序的源程序和目标程序为同一作品。

源程序和目标程序是同一计算机程序作品的两种表达方式，源程序是用计算机不能直接识别的汇编语言或者高级语言编写的程序；目标程序是用计算机能直接识别的机器语言编写的程序，或者源程序经过翻译后得到的可以在计算机上运行的机器语言程序。

文档是指用来描述程序的内容、组成、设计、功能规格、开发情况、测试结果及使用方法的文字资料和图表等，如程序设计说明书、流程图、用户手册等。由于文档本身属于《著作权法》保护的文字作品或者图形作品，同时，文档也可依照《计算机软件保护案例》受到保护。此种双重保护加强了对这些与程序有关的文档的保护。

计算机软件是作品，是人类思想和情感的表达，但计算机软件又是一种特殊的作品，不同于一般的著作权保护对象，因为计算机软件的文档是用人类可以识别的文字符号表达的，而计算机软件的计算机程序则是用只有计算机等机器可识别而人类不能识别的符号表达的，由于其特殊性，我国颁布了专门保护计算机软件著作权的《计算机软件保护条例》。

需要指出的是，我国计算机软件的对象不仅仅是计算机程序，而是包括计算机程序及其文档的计算机软件，主要是考虑到计算机程序及其文档的关系非常密切，这与有关的国际公约，即《与贸易有关的知识产权协定》《世界知识产权组织版权公约》不同，这两个国际公约都使用计算机程序的概念，而非计算机软件。

9. 法律、行政法规规定的其他作品

法律、行政法规规定的其他作品，是指现行《著作权法》没有列举，但已出现或可能出现的作品形式。

这是我国《著作权法》设立的一个弹性条款，是立法技术的表现形式之一。著作权客体对象是复杂的，因为随着科学技术和文化事业的不断发展，新的作品形式还会出现，比如前文所述的摄影作品、电影作品、计算机软件等，就是因为科学技术发展而产生的作品形式。这一弹性条款的存在，可以保证我国《著作权法》在相当长的时间内保持一定的稳定性、包容性和灵活性。

（二）特殊作品

1. 民间文学艺术作品

民间文学艺术作品，是由我国某一特定民族或一定区域的人群集体创作、世代相传、留存于民间的，反映该民族或该区域人群历史渊源、文化传统、风俗习惯、群体特征、宗教信仰及所赖以生存的自然环境等的独特成分（民族文化传统和风俗民情）并构成该民族或区域文化遗产的文学、艺术作品。

民间文学艺术作品的范围十分广泛，包括神话故事、民间寓言、民间传说、民间戏曲、民歌、民谣、民间音乐、民间舞蹈、民间造型艺术、民间建筑艺术等。其特点是世代相传，长期演变，没有固定的物质载体，没有确定的作者（即所谓的"佚名"），是能够反映某一社会群体文学艺术特性的一类作品。

由于民间文学艺术作品的特殊性，我国《著作权法》规定，民间文学艺术作品的保护方法，由国务院另行规定。

2. 通过信息网络传播的作品

在我国已有特别的网络作品形式存在。2000年最高人民法院通过的《关于审理涉及计算机网络版权纠纷案件适用法律若干问题的解释》对网络转载做了如下规定：在网络环境下无法归于《著作权法》第三条列举的作品范围，但在文学、艺术和科学领域内具有独创性并能以某种有形形式复制的其他智力创作成果，人民法院应当予以保护。这就表明在我国已有特别的网络作品形式存在。

网页是一种在线多媒体作品，其实际上是一种在计算机程序的驱动下结合了数字化的文字、图形、声音、动画，并能被用户以交互方式访问的新的作品形式。

博客是一种通常由个人管理、不定期张贴新文章的网站，是社会媒体网络的一部分。其结合了文字、图像、其他博客或网站的链接，以及其他与主题相关的媒体。

五、著作权法有关作品的排除范围

（一）依宪法和法律对作品出版和传播的监管

著作权人行使著作权，不得违反宪法和法律，不得损害公共利益。国家对作品的出版、传播依法进行监督管理。

作品应具备作品的构成要件，其思想和情感的表达不应违背宪法和法律的规定，不得危害公众或破坏社会的公序良俗。

需要指出的是，2010年修改的《著作权法》，删除了2001年的《著作权法》第四条第一款"依法禁止出版、传播的作品，不受本法保护"的规定，这是违禁作品"有权说"的体现，明确对违禁作品权利人享有的消极权利，是我国在国际背景下履行国际义务的选择。

（二）不适用著作权法保护的对象

（1）法律、法规，国家机关的决议、决定、命令和其他具有立法、行政、司法性质的文件，及其官方正式译文；上述官方文件和相应的官方文件译文属于公有资源信息，都符合作品的要件，但其涉及社会公众和国家整体利益，应使所有社会成员免费自由使用，所以不适用著作权法保护。

（2）时事新闻。时事新闻是指通过报纸、期刊、广播电台、电视台等传播媒体报道的单纯事实消息。如天气预报、交通信息等客观事实具有唯一表达性而不具备独创性，不适用著作权法保护。但新闻故事或有独创性表述的新闻报道应受著作权法保护。

（3）历法、通用数表、通用表格和公式。

1）历法是指公历或农历利用年、月、日计算时间的方法，在我国还包括个别少数民族的纪年方法，它们已被公认具有科学依据，能够准确地计算和表示时间和节气。其具有唯一表达性而不具备独创性，不适用著作权法保护。

2）通用数表一般是指依据数字、符号等要素，反映一定必然关系的图表，如元素周期表、函数表等。

3）通用表格是指普遍适用的，为特定使用目的而绘制的填写文字或数字的表格。如通用发票、通用会计账册表格等。

4）通用公式是指已被普遍认可的用数字、符号表示数量关系的等式。如万有引力公式等。

以上通用数表、通用表格和公式已处于公共领域，为促进社会文化、科技发展，为人们普遍使用，不适用著作权法保护。

六、著作权的主体

（一）著作权人的概念

著作权主体也称著作权人，即对文学、艺术、科学作品依照法律规定享有著作权的人。

（二）著作权人的分类

我国《著作权法》规定，著作权人包括两类：创作作品的作者和作者以外的其他依法享有著作权的公民、法人或者其他组织。

1. 作者

作者是指通过自己的创造性劳动，并以一定的客观表现形式直接创作作品的人。

其中：

（1）创作作品的公民是作者。

（2）我国著作权法认可由法人或者其他组织主持，代表法人或者其他组织意志创作，并由法人或者其他组织承担责任的作品，法人或者其他组织视为作者。如某一设计院管理经验的报告，设计院应当是该报告的作者；如无相反证明，在作品上署名的公民、法人或者其他组织为作者。

（3）外国作者既包括创作了作品的外国自然人，也包括被视为作者的外国法人或其他组织，还可能包括无国籍人。中国作者与外国作者划分的标准是依据著作权人所具有的国籍。

以上为著作权原始主体。

2. 其他依照《著作权法》享有著作权的公民、法人或者其他组织

公民、法人或者其他组织可以通过法律规定、合同约定和继承等多种方式继受取得著作权，成为著作权人，是著作权继受主体。

注意：著作权人不等于作者。作者即作品的创作者，包括公民作者、法人作者和其他组织作者。

著作权人是指享有作品著作权的人。著作权属于作者，软件著作权属于软件开发者，《著作权法》另有规定的除外。著作权人除了作者以外，还包括通过法律关系获得著作权的公民、法人和其他组织。著作权人的范围比作者的范围要广泛得多，但作者始终是第一著作权人。

一般情况下，作品的作者就是著作权人。

著作权人不是作者的情况有：作品著作权的合法继承人；著作权财产权全部转让中的受让人；享有作品著作权的法人或其他组织变更、终止后，没有承受人的财产权由国家享有；享有职务作品著作权的法人或其他组织，委托作品的合同中约定作品的著作权人为委托人。

七、著作权的保护

（一）著作权的法定保护期限

1. 著作权保护期的概念

著作权的保护期，是指国家法律明确规定的创作文学、艺术、科学作品的作者等著作权人受到的著作权法律保护的法定期限。

2. 著作权法规定的保护期限

（1）著作人身权的保护期。

1）作品的署名权、修改权和保护作品完整权的保护期不受限制，这类著作权随作品的存在归属于作者。

2）作品发表权的保护期为作者终生及其死亡后50年，截止于作者死亡后的第50年的12月31日；法人或其他组织的作品发表权保护期为50年，自作品创作完成之日起50年内未发表的，著作权法不再保护；电影类作品和摄影作品的发表权，不分作者是公民还是组织，一律保护50年，自作品创作完成后50年内未发表的，著作权法不再保护。

（2）著作财产权的保护期。

1）公民作者所创作之作品的著作财产权保护期为作者终生及其死亡后50年，无论作品是否发表及何时发表，截止于最后一位合作作者死亡后的第50年的12月31日。

2）法人或其他组织作品著作财产权保护期。法人或其他组织的作品著作权（署名权除外）由法人或其他组织享有的职务作品，其著作财产权的保护期均为50年，截止于作品首次发表后的第50年12月31日，但作品于创作完成后50年内未发表的，著作权法不再予以保护。

3）电影类和摄影作品的著作财产权保护期。电影作品和以类似拍摄电影的方法创作的作品、摄影作品的著作财产权，无论制片人或作者是个人还是组织，这些作品的著作财产权保护期为50年，截止于作品首次发表后的第50年12月31日，但作品于创作完成后50年内未发表的，著作权法不再予以保护。

4）作者身份不明作品的著作财产权保护期。对于作者身份不明的作品，著作财产权的保护期，采取自作品首次发表保护50年的办法。保护期截止于作品首次发表后的第50年12月31日。但作者身份一经确定，再根据具体情况，决定使用公民或法人作者的不同保护期规定。

5）计算机软件著作权的保护期。自然人开发者的保护期为其生前及死后50年，软件是合作开发的，截止于最后死亡的自然人死亡后第50年12月31日；软件的开发者是法人等单位的，自软件首次发表之日起保护50年，截止于软件首次发表后第50年12月31日，但软件自开发完成之日起50年内未发表的，不再保护。

（二）侵犯著作权的行为

1. 著作权侵权行为的概念

著作权侵权行为是指未经作者等著作权人或相关邻接权人的许可同意，又无法律上的依据，擅自对其著作权作品或其他制品进行利用，或以其他非法手段行使著作权或邻接权的行为。

2. 著作权侵权行为的构成要件

著作权侵权行为的构成要件主要表现在：实施了侵犯他人著作权的行为；侵权行为的违法性。

注意：

（1）关于行为人主观上是否有过错。出版者尽了合理注意义务，著作权人也无证据证明出版者应当知道其出版涉及侵权的，依据《民法通则》第一百一十七条第一款的规定，出版者承担停止侵权、返还其侵权所得利润的民事责任。

（2）侵害的对象应是处于法定保护期的作品。

3. 侵犯著作权行为的种类

《著作权法》列举了侵犯著作权的行为，根据侵权的类型及承担责任的不同，规定了两大类侵权行为：

（1）有下列侵权行为的，应当根据情况，承担停止侵害、消除影响、赔礼道歉、赔偿损失等民事责任：

1）未经著作权人许可，发表其作品的。

2）未经合作作者许可，将与他人合作创作的作品当作自己单独创作的作品发表的。

3）没有参加创作，为谋取个人名利，在他人作品上署名的。

4）歪曲、篡改他人作品的。

5）剽窃他人作品的。

6）未经著作权人许可，以展览、摄制电影和以类似摄制电影的方法使用作品，或者以改编、翻译、注释等方式使用作品的（《著作权法》另有规定的除外）。

7）使用他人作品，应当支付报酬而未支付的。

8）未经电影作品和以类似摄制电影的方法创作的作品、计算机软件、录音录像制品的著作权人或者与著作权有关的权利人许可，出租其作品或者录音录像制品的（《著作权法》另有规定的除外）。

9）未经出版者许可，使用其出版的图书、期刊的版式设计的。

10）未经表演者许可，从现场直播或者公开传送其现场表演，或者录制其表演的。

11）其他侵犯著作权以及与著作权有关的权益的行为。

（2）有下列侵权行为的，应当根据情况，承担停止侵害、消除影响、赔礼道歉、赔偿损失等民事责任。同时损害公共利益的，可以由著作权行政管理部门责令停止侵权行为，没收违法所得，没收、销毁侵权复制品，并可处以罚款；情节严重的，著作权行政管理部门还可以没收主要用于制作侵权复制品的材料、工具、设备等；构成犯罪的，依法追究刑事责任。

1）未经著作权人许可，复制、发行、表演、放映、广播、汇编、通过信息网络向公众传播其作品的，《著作权法》另有规定的除外。

2）出版他人享有专有出版权的图书的；不同于盗版，还侵害了出版社的利益。

3）未经表演者许可，复制、发行录有其表演的录音录像制品，或者通过信息网络向公众传播其表演的，《著作权法》另有规定的除外。

4）未经录音录像制作者许可，复制、发行、通过信息网络向公众传播其制作的录音录像制品的，《著作权法》另有规定的除外。

5）未经许可，播放或者复制广播、电视的，《著作权法》另有规定的除外。

6）未经著作权人或者与著作权有关的权利人许可，故意避开或者破坏权利人为其作品、录音录像制品等采取的保护著作权或者与著作权有关的权利的技术措施的，法律、行政法规另有规定的除外。

7）未经著作权人或者与著作权有关的权利人许可，故意删除或者改变作品、录音录像制品等的权利管理电子信息的,法律、行政法规另有规定的除外。

8)制作、出售假冒他人署名的作品的。

4. 侵犯著作权行为人应承担的法律责任

侵权行为人违反《著作权法》的有关规定,给作者等著作权人依法享有的著作人身权或财产权造成侵害时,或者给作品传播者等著作邻接权人依法享有的邻接权造成侵害时,所应承担的法律责任,是指就其违法行为根据相关法律规定所应承担的相应法律后果。

(1)民事责任。《著作权法》首先要求行为人对受害人承担以补偿损失为主要目的民事责任,是一种保护权利人的人身权很有效的措施,包括停止侵害、消除影响、赔礼道歉和赔偿损失等责任形式。

《著作权法》规定了三种不同的计算损失赔偿的办法,在发生了著作权侵权案件,给著作权人造成经济损失时,由权利人自由选择其中一种方式适用,计算侵权者应当赔偿的具体数额。

1)侵权人应当按照权利人的实际损失给予赔偿。

2)实际损失难以计算的,可以按照侵权人的违法所得给予赔偿;赔偿数额还应当包括权利人为制止侵权行为所支付的合理开支。

3)权利人的实际损失或者侵权人的违法所得不能确定的,由人民法院根据侵权行为的情节,判决给予50万元以下的赔偿。

(2)刑事责任。严重违反《著作权法》规定,未经许可擅自使用他人作品或其他制品,违法所得数额较大或侵权行为情节严重,已构成刑法所规定的侵犯著作权罪名的违法行为者,应依法承担刑事责任。

刑事责任的目的着重严惩侵权者,并形成对未来侵权人的威慑作用。

构成侵犯著作权或邻接权者应当承担刑事责任,必须符合以下两个要件:其一是主观上要以营利为目的;其二是客观上要符合违法者所涉违法数额较大的标准。具有"其他严重情节"一般是指因著作权侵权行为已被追究过行政责任或承担民事责任两次以上。

5. 保护著作权的其他措施

(1)调处著作权纠纷。著作权纠纷是指著作权人或邻接权人与作品或其他制品使用人之间,或与其他任何第三人之间,就著作权或邻接权的行使而发生的争执。著作权纠纷的调处,可以选择适用以下几种方式:

1)调解。发生了著作权侵权或合同纠纷,当事人均可选择通过调解的方式解决争端。既可以是民间自行调解的方式,也可以是通过向著作权行政管理部门申请由其主持调解处理的方式。

2）仲裁。著作权纠纷的解决，还可根据当事人达成的书面仲裁协议或著作权合同中的仲裁条款，向仲裁机构申请仲裁。在仲裁过程中，当事人自愿选择由仲裁员主持调解处理著作权纠纷。

3）诉讼。著作权纠纷当事人也可采取向人民法院提起民事诉讼的方式，解决著作权纠纷。在人民法院的审理过程中，当事人自愿选择由法官主持调解处理著作权纠纷。

（2）申请诉前禁止令。诉前禁止令是指人民法院根据符合法定条件的著作权人或邻接权人的诉前申请，依法所采取的停止有关行为，保全财产或证据的措施。

1）责令停止有关行为。

2）诉前财产保全。著作权人或者与著作权有关的权利人有证据证明他人正在实施或者即将实施侵犯其权利的行为，如不及时制止将会使其合法权益受到难以弥补的损害的，可以在起诉前向人民法院申请采取责令停止有关行为和财产保护的措施。

3）诉前证据保全。为制止侵权行为，在证据可能灭失或者以后难以取得的情况下，著作权人或者与著作权有关的权利人可以在起诉前向人民法院申请保全措施。

【任务实施】

（1）完成代理记账师岗位基础与认知（CMAC 四级）配套章节练习。

（2）完成代理记账师岗位基础与认知（CMAC 四级）平台任务（参考 CMAC 试题操作指南）。

【知识扩展】

著作权典型案例及评析

案例一：岳某宇诉 ×× 出版社侵害著作权纠纷案

（一）基本案情

岳某宇是《×××记单词》等四本书的作者，×× 出版社、××× 大学出版社在后出版发行的《××× 科学备考丛书 高中英语词汇全解》一书抄袭了岳某宇著的四本图书，侵犯了岳某宇的署名权、修改权、复制权、发行权等相关权利。岳某宇请求判令 ×× 出版社停止侵权、消除影响、赔礼道歉并赔偿损失。

经查，涉案侵权图书中的 false、gallery、inform 三个单词的释义内容与岳某宇图书中上述三个单词的释义内容完全一致。

（二）裁判结果

一审法院判决：驳回岳某宇全部诉讼请求。

北京知识产权法院二审判决：①撤销一审判决；②××出版社以书面形式向岳某宇赔礼道歉；③××出版社赔偿岳某宇经济损失1 500元及合理支出33.80元；④驳回岳某宇其他诉讼请求。

（三）典型意义

（1）作品的独创性既可以体现在作品的整体中，也可以体现在作品的组成部分，只要该组成部分具有独创性，且具有相对独立的使用价值，即应当受到《著作权法》的保护。本案中，被控侵权的英语单词词条释义虽然内容较少，所占被控侵权书籍整体的比例较小，但该英语单词释义亦体现了作者的取舍、选择和安排，具有独创性，应当受到《著作权法》的保护。不能因作品的组成部分所占比例较小而否定其独创性或否定其可能给权利人造成的损害后果，从而不给予其提供《著作权法》上的保护。

（2）停止侵权是著作权侵权救济的一般规则，不停止侵权系例外。在判决不停止侵权时通常要考虑社会公共利益及原、被告之间利益的平衡。本案中，被控侵权内容仅占被控侵权作品极小的比例，如果判处停止侵权，将造成原、被告之间利益的失衡，同时造成社会资源的极大浪费，不利于文化的传播，违背了《著作权法》的立法目的。在判决不停止侵权的同时，可以通过适当提高损害赔偿金的方式对权利人进行相应救济。

案例二：北京某明文化发展有限责任公司与××企业（中国）投资有限公司、河南××企业有限公司侵害著作权纠纷

（一）案情简介

某明公司一审诉称，某明公司拥有"某明"卡通形象的著作权，××公司授权河南××公司制造、某发公司销售的"××同学"冷泡茶产品的外包装完全是"某明"卡通形象的简单变形，两个形象构成实质性相似，使得公众误认为是某明公司授权生产的产品，该行为侵犯"某明"卡通形象的著作权，构成不正当竞争。

（二）裁判结果

一审法院判决：①被告××公司、被告河南××公司立即停止侵权行为；②被告××公司、被告河南××公司赔偿原告某明公司经济损失50万元及诉讼合理支出2 070元。

北京知识产权法院二审判决：①撤销一审判决；②驳回某明公司的全部诉讼请求。

(三) 典型意义

（1）本案在进行侵害著作权行为认定时并未直接适用"接触＋实质性相似"的理论规则，而是从《著作权法》第四十七条第（五）项所规定的"剽窃"行为入手，进行相应的侵权审查和认定，进一步规范了侵害著作权案件的裁判思路。当两者构成实质性相似时，如果在后创作的美术作品的作者具有接触在先创作的美术作品的可能性，则推定排除在后创作的美术作品为其作者独立创作，构成剽窃行为；如果两者不构成实质性相似，则无须判断是否具有接触的可能性，即可认定不构成剽窃行为。

（2）本案亦区分了不同类型美术作品的实质性相似比对方式及其适用情形，确立了在以头部架构及面部有限空间为表达对象的卡通美术作品中，不能将这一有限空间里的各个组成要素再细化而分别独立进行比较，而应以普通观察者的角度对整个头部表达进行整体认定和综合判断这一实质性相似比对规则，明晰了作品保护与鼓励创新的边界范围与平衡考量。本案中，被控侵权的"××同学"与权利人的"某明"两个形象在头发造型、光影效果、眼睛、耳朵、鼻子、嘴巴造型、面部表情等方面存在诸多不同和差异，这些具体细节上的不同使得两个形象在取舍、选择、安排、设计上体现出了整体性的差异，构成了两个形象各自不同的外观表现，属于各自创作者独立创作的范畴。故"××同学"卡通形象并未构成对"某明"卡通形象的剽窃，××公司及河南××公司不承担侵权责任。